I0151074

PRÊCHER

MARC

Des plans de sermons pour l'Évangile de Marc

© 2013 Phil Crowter / The Good Book Company
Publié 2013 par Langham Preaching Resources.
une marque de Langham Creative Projects

Langham Partnership
PO Box 296, Carlisle
Cumbria, CA3 9WZ, UK
www.langham.org

ISBN: 978-1-907713-92-7

Édition originale publiée en 2009 en anglais par The Good Book Company

The Good Book Company Ltd
Elm House, 37 Elm Road
New Malden, Surrey KT3 3HB, UK
www.thegoodbook.co.uk

ISBN: 978-1-906334-63-5

Tous droits réservés. La reproduction, la transmission ou la saisie informatique du présent ouvrage, en totalité ou en partie, sous quelque forme ou par quelque procédé que ce soit, électronique, mécanique, photographique est interdite sans l'autorisation préalable de l'éditeur ou de la Copyright Licensing Agency.

Sauf indication contraire, les références bibliques sont tirées de la Version Louis Segond. Copyright 2009, Alliance Biblique Universelle.

Traduit de l'anglais par Mike McGowan

TABLE DES MATIÈRES

Langham Preaching Resources

Dans une phrase remarquable écrite aux Thessaloniciens, Paul fournit une réflexion fondamentale concernant l'impact de la Parole de Dieu sur les hommes.

C'est pourquoi nous rendons continuellement grâces à Dieu de ce qu'en recevant la parole de Dieu que nous vous avons fait entendre, vous l'avez accueillie, non comme la parole des hommes, mais comme ce qu'elle est vraiment : la parole de Dieu qui agit en vous qui croyez. (1 Thessaloniciens 2:13)

Paul insiste beaucoup sur ce point. Le message n'est pas une parole humaine mais la Parole *de Dieu* qui fait autorité. Et cette parole est puissante: elle est « à l'oeuvre en vous ». Et si elle a de l'effet sur la vie des croyants de Thessalonique, c'est non seulement parce qu'ils l'ont *entendue* mais parce qu'ils l'ont *reçue*, l'accueillant dans leurs vies comme un ami.

Toute prédication est façonnée par la conviction que la Bible fait autorité. Précisément parce qu'elle vient de Dieu lui-même. Le prédicateur doit être convaincu aussi que la Parole de Dieu est puissante, oeuvrant pour accomplir les desseins de Dieu dans la vie de chrétiens, individuellement et communautairement. L'auditeur aussi doit recevoir cette parole avec foi, conscient qu'elle transforme sa vie comme elle a transformé celles des Thessaloniciens. C'est grâce à cette Parole qu'ils « se sont détournés des idoles pour servir le Dieu vivant et vrai » (1 Thessaloniciens 1:9).

Les prédicateurs et les enseignants engagés dans ce ministère ont besoin d'être soutenus. Et c'est ce que *Langham Partnership* cherche à faire. En partenariat avec des églises à travers le monde, nous proposons notre aide par le moyen des programmes de Langham Littérature, de Langham Scholars et de Langham Preaching. Lancé par le Dr John Stott il y a 35 ans environ, Langham croit fermement à l'autorité de la Bible et à l'importance d'une prédication fidèle aux textes bibliques, claire et pertinente pour le monde d'aujourd'hui. La conviction fondamentale de Langham se résume dans une triple affirmation : *que Dieu veut voir croître son église, que l'église croît par la Parole de Dieu et que la Parole de Dieu est communiquée surtout par une prédication efficace.*

Si les églises vont grandir et devenir fortes et efficaces, nous devons renforcer la prédication biblique. C'est pourquoi, à travers le monde, Langham Preaching travaille à la mise en place de mouvements de prédication nationaux pour des pasteurs et des laïcs. En collaboration avec des responsables autochtones, nous proposons un soutien pratique aux prédicateurs, en organisant des séminaires de formation, en encourageant la création de clubs de prédicateurs, en fournissant des ressources et en bâtissant des mouvements de prédication biblique dans chaque pays où nous travaillons.

Maintenant nous proposons un nouvel outil : *Langham Preaching Resources*. Ces matériaux se veulent accessibles à tous et sont destinés non seulement aux pasteurs et aux prédicateurs de manière générale, mais tout particulièrement à ceux qui participent aux nombreux mouvements de prédicateurs qui voient progressivement le jour à travers le monde. Ces ressources sont aujourd'hui disponibles dans plusieurs langues.

Notre prière est que ces ressources servent à renforcer la prédication biblique. La rédaction et la distribution de ces livres s'accompagnent de cette même prière qu'adresse Paul aux croyants de Thessalonique, qui ont accueilli la Parole de Dieu avec tant d'enthousiasme :

Priez pour nous, afin que la parole du Seigneur se répande et soit glorifiée comme elle l'est chez vous. (2 Thessaloniciens 3:1)

Jonathan Lamb

Pour plus d'informations concernant les trois programmes de Langham, rendez-vous sur notre site Web : **www.langham.org**

Avant d'aller plus loin...

Nous, les prédicateurs, nous avons la meilleure profession au monde !
Pourquoi ? **Parce que nous enseignons la Parole de Dieu.**
La Parole de Dieu rend la vie à ceux qui sont morts. La Parole de Dieu nourrit
ceux qui ont faim. Et la Parole de Dieu fait découvrir Jésus à ceux qui ne le
connaissent pas.

Dans 2 Timothée 2:15 nous lisons : « *Efforce–toi de te présenter devant Dieu
comme un homme qui a fait ses preuves, un ouvrier qui n'a pas à rougir, et qui
dispense avec droiture (c'est-à-dire correctement) la parole de la vérité.* »

Prêcher Marc vous aidera à bien remplir cette tâche. Ce livre vous aidera à :

Comprendre l'enseignement de Marc concernant Jésus Christ.

Réfléchir à l'utilité de chaque partie du livre pour ceux que vous enseignez.

Enseigner clairement l'idée principale du texte.

Chaque leçon de *Prêcher Marc* vous aidera à faire deux choses : **étudier** un
texte de l'Évangile de Marc et **prêcher** sur ce texte. Mais cela demandera
aussi un sérieux effort de votre part ! Nous, nous vous aidons en proposant
nos conseils. Mais ce sera à vous d'expliquer ces vérités aux personnes dont
vous avez la charge. Pour cela vous devrez vous approcher de Dieu en demandant son aide.

Voici la meilleure manière d'utiliser ce livre. **Commencez au début de
l'Évangile et enseignez progressivement chacune des leçons l'une
après l'autre.** Cette approche aidera ceux que vous enseignez à comprendre comment Marc veut nous faire découvrir l'histoire de Jésus.

Nous, les prédicateurs, nous avons la meilleure profession au monde ! Exer-
çons-la de notre mieux - avec l'aide de Dieu !

Avant de commencer, prenez le temps de lire :

A. Pour un démarrage rapide : Comment préparer un sermon sur Marc

B. Comment utiliser *Prêcher Marc*

C. À propos de l'Évangile de Marc

Vous trouverez aussi un exemple pratique qui vous montrera comment vous
servir de *Prêcher Marc* dans la partie E à la fin de ce livre.

Phil Crowter

A. POUR UN DÉMARRAGE RAPIDE :

Comment préparer un sermon sur Marc

1. Priez demandant à Dieu de vous accorder son aide

2. Lisez le passage biblique plusieurs fois

Utilisez la partie intitulée ⊡ **Contexte** pour comprendre le passage dans son contexte

Utilisez la partie intitulée ⊡ **Notes** pour comprendre les versets difficiles

3. Essayez de trouver la leçon principale que Dieu veut transmettre dans le texte

Pour vous aider, utilisez la partie intitulée ⊡ **Leçon principale.**

4. Priez pour vos auditeurs. Comment ce passage pourra-t-il les aider?

Pour vous aider, utilisez la partie intitulée ⊠ **Un travail à faire.**

5. Rédigez votre prédication dans votre langue.
Commencez par noter les principales leçons qu'enseigne ce texte.

Pour vous aider, utilisez les notes que nous vous proposons dans la partie **PRÊCHER**

6. Rédigez une introduction et une conclusion à votre prédication.

7. Vérifiez tout ce que vous venez de faire.

* La **leçon principale** est-elle claire?
* Cet enseignement transmet-il réellement ce qu'enseigne le **texte biblique** lui-même?
* Avez-vous pensé utiliser des **images** pour aider vos auditeurs à comprendre et à se rappeler de cet enseignement?
* Pensez-vous établir un **bon rapport** avec vos auditeurs?
* Que voulez-vous **changer** chez vos auditeurs par cet enseignement?

8. Priez demandant à Dieu de parler à travers vos paroles.
Priez que vos auditeurs soient transformés par la vérité de Dieu.

Pour plus d'aide, lire la section suivante

B. COMMENT UTILISER PRÊCHER MARC

Chaque fois que vous préparez un sermon, commencez par ces choses :

• Priez afin que Dieu vous aide

• Lisez le passage biblique

• Essayez de trouver la leçon principale que Dieu veut transmettre dans le texte

Ensuite vous pouvez vous servir de ces notes. Pour chaque prédication, nous vous proposons deux pages. La première page vous aide à réfléchir sur le texte biblique. La deuxième page propose des sous-divisions et des idées pour le sermon lui-même.

Lorsque vous verrez ce symbole 📖 vous devrez relire le texte biblique indiqué pour voir ce qu'il dit.

La page ÉTUDIER : Comprendre la Bible

Cette première page vous aide à comprendre le passage biblique que vous étudiez pour votre sermon.

◉ **CONTEXTE :** Il est très important de réfléchir à ce qui précède et à ce qui suit votre texte. Chaque leçon de ce livre propose de réfléchir sur un court passage. Mais n'oublions pas que chacun de ces passages fait partie d'une histoire plus grande: l'histoire de Jésus telle que Marc nous la raconte. Il faut donc toujours se demander s'il y a des ressemblances entre le texte que vous étudiez à un moment donné et d'autres textes de l'Évangile. Vous devez chercher aussi à comprendre comment le texte nous aide à savoir *qui* est Jésus et *pourquoi* il est venu.

Ces notes qui concernent le **Contexte** vous aideront dans ce sens.

◉ **LEÇON PRINCIPALE :** Nous résumons la leçon principale en une courte phrase de quelques mots. Prenez le temps de méditer cette phrase. Êtes-vous bien d'accord que c'est cela qu'enseigne le texte? Assurez-vous que cette leçon ressort très clairement dans votre prédication.

◉ **UN TRAVAIL À FAIRE :** Dans cette partie nous nous arrêtons sur un aspect du texte qui mérite la réflexion. Il est important de faire l'effort de bien comprendre le texte biblique. Réfléchissez à la meilleure manière d'enseigner la leçon relevée dans cette partie des notes. Parfois nous utilisons une image afin de vous aider à mieux comprendre.

◉ **NOTES :** Cette partie aborde les versets bibliques difficiles. Cela vous permettra d'éviter des erreurs lorsque vous en viendrez à prêcher sur ce texte.

(Encadré)

(2) ÉTUDIER : Marc 1:1-8

1 LA BONNE NOUVELLE CONCERNANT JÉSUS-CHRIST

◉ **Contexte**

📖 *Marc 1:1-15.* Cette partie du livre est le **commencement** ou l'**Introduction** de l'Évangile de Marc. Ces versets nous annoncent la principale raison pour laquelle Marc écrit son Évangile. Nous devons noter que Jean Baptiste et Jésus annoncent tous les deux le même message. Et lorsque nous lisons ces choses, nous aussi, nous devons nous repentir et croire la bonne nouvelle de Jésus Christ.

◉ **Leçon principale**

Jésus Christ est venu tout comme Dieu l'avait promis. Ceci est une bonne nouvelle. Par conséquent, nous devons venir à Jésus et nous repentir.

◉ **Un travail à faire**

1. **Demandez à Dieu de vous aider à montrer à vos auditeurs à quel point *Jésus* est important et merveilleux.** La bonne nouvelle de Marc concerne *Jésus*. C'est donc *Jésus* que nous devons prêcher !

2. **Assurez-vous que vos auditeurs comprennent bien ce que signifie « se repentir »** (« se détourner de ses péchés »). Marc 1:4, 15. Se repentir signifie plus que dire qu'on regrette ce qu'on a fait. Celui qui se repent fait demi-tour. Il change d'avis. Il décide de ne plus marcher sur la voie du péché.

Il choisit la voie de Dieu. Pensez à utiliser une image pour aider vos auditeurs à comprendre.

◉ **Notes**

• **Marc 1:2, 3.** Marc utilise ici des paroles tirées d'Esaïe 40:3. Il montre que Jean est le « messager » (prophète) dont parlait le prophète Esaïe. Le texte d'Esaïe utilise une image : une personne trace une nouvelle route pour le passage d'un roi. Marc nous montre que Jean annonce à cette personne annoncée dans ce texte.

• **Marc 1:6.** Jean est vêtu comme Élie, le prophète (2 Rois 1:8).

• **Marc 1:7.** Jean parle ici de Jésus. De grandes foules viennent écouter Jean, mais, à ses yeux, cela ne fait pas de lui (Jean) un homme important. Jésus est beaucoup plus important que lui.

• **Marc 1:8.** Jean pouvait seulement baptiser d'eau. Mais Jésus, lui, nous lave de nos péchés. Et Jésus, lui, nous transforme par son Esprit Saint. Ce verset parle de ce qui se passe lorsque Jésus fait de nous des chrétiens.

📖 *Lire 1 Corinthiens 12:13.*

18

La page PRÊCHER : Enseigner la Bible

La seconde page vous aidera à enseigner ce que vous avez trouvé dans le texte. Mais vous devrez aussi travailler ! Cette page vous propose des idées. Mais vous, vous devrez prendre ces idées et voir comment elles peuvent vous être utiles. Nous, nous fournissons le squelette ; à vous de mettre la chair sur les os !

1. L'AIDE QUE NOUS VOUS PROPOSONS :

- **Deux ou trois sous-divisions.**
  Les titres des sous divisions que nous proposons sont écrits COMME CECI. Ces entêtes vous aideront à enseigner la Bible plus clairement. Vous pouvez modifier ces titres en les adaptant à votre auditoire.

- **Nous vous montrons ce que la Bible dit.**
  Notre but est d'encourager nos auditeurs à écouter la Bible eux-mêmes. Lorsque vous prêchez, attirez l'attention de vos auditeurs sur ce que dit la Bible. S'ils ont une Bible, demandez-leur de lire eux-mêmes le verset dont vous êtes en train de parler. Ce symbole 📖 vous signale quand cela est nécessaire.

- **Nous expliquons ce que la Bible enseigne.**
  Vous devrez réfléchir à la meilleure manière d'enseigner la Bible afin que vos auditeurs vous comprennent. Vous connaissez vos auditeurs. Nous, nous ne les connaissons pas. Vous savez donc mieux que nous avec quels mots vous devrez vous exprimer.

- **Parfois nous utilisons des images.**
  En voici un exemple tiré de nos notes sur Marc 1:16-20.

⊕ **Imagine ceci.** *Tu vois quelqu'un qui travaille. Il a un bon travail. Ce travail lui permet d'avoir une maison et de s'occuper de sa famille. Mais tu lui dis qu'il doit quitter son travail et te suivre. Sans être payé. Quelle sera sa réaction ? Il te dira de le laisser tranquille ! Mais lorsque Jésus dit : « Suis-moi ! », que se passe-t-il ?*

Il se peut que cette image ne soit pas bien adaptée à votre auditoire. Par exemple, dans votre village, ceux qui travaillent ne sont pas payés. Dans ce cas, l'enseignant de la Bible devra trouver une autre image plus adaptée qui aide ses auditeurs à comprendre. Vous devrez trouver vous-mêmes d'autres images qui vous aident à transmettre la vérité biblique. Mais faites très attention que l'image que vous utilisez enseigne bien ce que dit le texte biblique lui-même.

- **Nous vous montrons comment établir le lien entre l'enseignement biblique et votre auditoire.** Il est important que nous comprenions ce que signifie la Parole de Dieu **pour nous** aujourd'hui. Nous devons comprendre comment l'enseignement de la Bible transforme nos vies. En voici un exemple :

> *Nous avons une bonne nouvelle à dire aux autres ! C'est la meilleure nouvelle qui soit ! Pense* à des personnes qui n'ont pas encore entendu la bonne nouvelle de Jésus. Comment leur diras-tu la nouvelle ?*

- **Nous vous donnons une ou deux idées.** Mais vous, vous devrez trouver d'autres manières de montrer la pertinence du message biblique pour vos auditeurs. Vous les connaissez. Vous connaissez leurs besoins. Comment la Bible peut-elle transformer la vie de ceux qui vous écoutent ?

2. D'AUTRES CHOSES QUE VOUS DEVREZ FAIRE :

- **Vous devrez réfléchir à la manière dont vous allez commencer votre sermon.** Vos auditeurs ont besoin de savoir pourquoi il est important qu'ils vous écoutent aujourd'hui. Dites-leur quels enseignements bibliques vous allez leur apporter. Expliquez-leur l'importance de ces enseignements pour leurs vies.

- **Vous devrez réfléchir à la manière dont vous allez conclure votre sermon.** Rappelez à vos auditeurs les points principaux de votre sermon. Laissez-leur quelque chose qui donne à réfléchir, ou quelque chose à faire.

- **Priez** ! En enseignant la Parole, vous apportez à vos auditeurs la vérité de Dieu. Priez que Dieu utilise vos paroles pour parler à ceux qui vous entendent. Priez que la vérité de Dieu transforme des vies.

- **Exprimez-vous toujours dans votre propre langue.** Ne vous servez jamais de mots français si vos auditeurs risquent de ne pas comprendre.

Si vous avez besoin d'aide supplémentaire, à la fin de ce livre **vous trouverez un exemple pratique qui vous montre comment préparer un sermon en vous servant de ce livre. Cet exemple vous montre comment vous pouvez utiliser ce livre afin de** « *Prêcher Marc* » !

---

*Note du traducteur : nous avons choisi de dire « tu » dans les parties du texte qui visent l'application du sermon à nos auditeurs. Mais vous pouvez aussi dire « vous » bien entendu.

C. À PROPOS DE L'ÉVANGILE DE MARC

1. *QUI L'A ÉCRIT ?*

C'est Marc qui l'a écrit. Marc n'était pas l'un des douze disciples. Il s'agit probablement de « Jean-Marc » qui est mentionné dans **Actes 12:12, 25** et dans d'autres textes. C'est sans doute **Pierre** qui a raconté ce qui s'était passé à Marc. Puis Marc a mis cela par écrit dans son Évangile.

2. *QUAND* MARC L'A-T-IL ÉCRIT ?

Très probablement entre 40 apr. J.-C. et 65 apr. J.-C. Ainsi Marc est le **premier** Évangile à avoir été écrit. Pour écrire leurs Évangiles, Matthieu et Luc ont utilisé certains textes de l'Évangile de Marc. C'est la raison pour laquelle certaines parties de Matthieu et de Luc sont les mêmes que dans Marc.

3. *POURQUOI* MARC L'A-T-IL ÉCRIT ?

C'est dans **Marc 1:1** que Marc nous dit pourquoi il a écrit son Évangile : « Commencement de l'Évangile *concernant* Jésus–Christ, *le Fils de Dieu.* »

Il nous annonce la **bonne nouvelle** (c'est ce que signifie le mot « Évangile ») de Jésus -Christ. L'Évangile de Marc fait beaucoup plus que raconter la vie de Jésus. Il annonce la « bonne nouvelle » de Jésus nous disant:

• qui est Jésus.

• pourquoi il est venu.

• pourquoi il est mort.

C'est cela le « grand message » de Marc.

Si nous nous souvenons de ces choses, cela nous aidera à mieux comprendre les différents récits où Marc nous parle de Jésus. Marc ne raconte pas ces histoires simplement pour nous dire ce qui s'est passé. Sa raison d'écrire est plus importante que cela. Il raconte ces histoires concernant Jésus afin de **nous aider à comprendre** qui est Jésus et pourquoi il est venu. Il veut aussi nous amener à la repentance et à la foi (Marc 1:15).

Souvenez-vous de ce « grand message » lorsque vous prêchez sur Marc. Les différentes histoires qu'il raconte font partie d'une histoire plus grande. Elles contiennent un message. L'Évangile de Marc n'est pas une collection d'histoires différentes mais un livre qui nous fait découvrir le « grand » message concernant Jésus.

Ceci signifie que lorsque nous prêchons sur l'une ou l'autre des histoires de Marc, nous devrons nous poser des questions telles que :

• *Pourquoi Marc raconte-t-il cette histoire ? Quelle est sa place dans le récit de l'Évangile ?*

• *Que nous apprend cette histoire concernant Jésus ? Qui est-il et pourquoi est-il venu ?*

• *Comment cette histoire nous aide-t-elle à mettre notre confiance en Jésus ?*

4. QUEL EST SON PLAN ?

Marc divise son Évangile en deux grandes parties.

• QUI EST JÉSUS ? - Marc 1-8

• POURQUOI JÉSUS EST-IL VENU ? - Marc 9-16

QUI EST JÉSUS ?	POURQUOI JÉSUS EST-IL VENU ?
Marc chapitres 1-8	Marc chapitres 9-16

Les chapitres 1 à 8 répondent à la question : qui est Jésus ? Jésus est le Christ, le Fils de Dieu,

Marc 1:1 ; 2:7 ; 4:41 ; 8:29.

Les chapitres 9 à 16 répondent à la question : pourquoi Jésus est-il venu ? Jésus est venu afin de souffrir et mourir pour nos péchés, Marc 10:45.

Essayez de vous rappeler de ce plan. Cela vous aidera à comprendre Marc.

Nous voyons clairement cette division du livre en deux parties dans
Marc 8:29, 31

Dans Marc 1-8 Jésus montre à ses disciples, à de nombreuses reprises, *qui il est.* Mais ceux-ci ne le comprennent pas. Jusqu'au moment où Pierre voit enfin *qui est Jésus* dans Marc 8:29 ! Et à partir de ce moment, Jésus commence à apprendre à ses disciples *pourquoi il est venu* (Marc 8:31). Mais les disciples ne comprennent pas lorsque Jésus leur dit qu'il devra mourir ! C'est pourquoi, en montant à Jérusalem et en allant vers la croix, Jésus apprend à ses disciples qu'il est venu *pour mourir* (Marc 9-16).

PRÊCHER
MARC

D. Étudier et Prêcher l'Évangile de Marc

1 LA BONNE NOUVELLE CONCERNANT JÉSUS-CHRIST

▣ Contexte

📖 **Marc 1:1-15.** Cette partie du livre est le **commencement** ou l'**introduction** de l'Évangile de Marc. Ces versets nous annoncent la principale raison pour laquelle Marc écrit son Évangile. Nous devons noter que Jean Baptiste et Jésus annoncent tous les deux le même message. Et lorsque nous lisons ces choses, nous aussi, nous devons nous repentir et croire la bonne nouvelle de Jésus Christ.

▣ Leçon principale

Jésus Christ est venu tout comme Dieu l'avait promis. Ceci est une bonne nouvelle. Par conséquent, nous devons venir à Jésus et nous repentir.

⊞ Un travail à faire

1. **Demandez à Dieu de vous aider à montrer à vos auditeurs à quel point *Jésus* est important et merveilleux.** La bonne nouvelle de Marc concerne *Jésus*. C'est donc *Jésus* que nous devons prêcher !

2. **Assurez-vous que vos auditeurs comprennent bien ce que signifie « se repentir » (« se détourner de ses péchés »).** Marc 1:4, 15. Se repentir signifie plus que dire qu'on regrette ce qu'on a fait. Celui qui se repent fait demi-tour. Il change d'avis. Il décide de ne plus marcher sur la voie du péché.

Il choisit la voie de Dieu. Pensez à utiliser une image pour aider vos auditeurs à comprendre.

▣ Notes

- **Marc 1:2, 3.** Marc utilise ici des paroles tirées d'Esaïe 40:3. Il montre que Jean est le « messager » (prophète) dont parlait le prophète Esaïe. Le texte d'Esaïe utilise une image : une personne trace une nouvelle route pour le passage d'un roi. Marc nous montre que Jean ressemble à cette personne annoncée dans ce texte.

- **Marc 1:6.** Jean est vêtu comme Élie, le prophète (2 Rois 1:8).

- **Marc 1:7.** Jean parle ici de Jésus. De grandes foules viennent écouter Jean, mais, à ses yeux, cela ne fait pas de lui (Jean) un homme important. Jésus est beaucoup plus important que lui.

- **Marc 1:8.** Jean pouvait seulement baptiser *d'eau*. Mais Jésus, lui, nous lave *de nos péchés*. Et Jésus, lui, *nous transforme* par son Esprit Saint. Ce verset parle de ce qui se passe lorsque Jésus fait de nous des chrétiens.

📖 **Lire 1 Corinthiens 12:13.**

LA BONNE NOUVELLE

📖 *Marc 1:1-3*

1. LA BONNE NOUVELLE, C'EST JÉSUS

Le mot « évangile » dans Marc 1:1 signifie « bonne nouvelle ». Et cette bonne nouvelle concerne une **personne** !

Souvent lorsque nous parlons d'une bonne nouvelle, il s'agit d'un événement ou de quelque **chose** qui nous arrive. Mais la meilleure nouvelle de toutes est la venue de cette **personne**. Depuis des centaines d'années, Dieu promet d'envoyer cette personne. Le prophète Esaïe en parle (Marc 1:2, 3).

• **Jésus est le Christ (Marc 1:1).** Le mot « Christ » n'est pas seulement un autre nom pour Jésus. Ce mot décrit son travail. Le travail de Jésus est d'être le « Christ », ou le Roi, envoyé par Dieu. Imaginez que l'homme le plus puissant au monde vienne vous rendre visite. Imaginez votre émoi ! Jésus est beaucoup plus important que cela, car il est le Roi **du ciel**.

• **Jésus est le Fils de Dieu (Marc 1:1).** À partir du moment où nous croyons vraiment que Jésus est le Fils de Dieu, nous nous prosternons et nous l'adorons. Nous croyons tout ce qu'il nous dit. Nous lui abandonnons nos vies.

• **Jésus est venu afin de nous laver et nous rendre purs intérieurement (Marc 1:8).** Jésus n'est pas venu nous punir à cause de nos péchés. Il est venu nous pardonner. C'est pour cette raison que Jean « baptisait » (plongeait dans l'eau) ceux qui venaient à lui. Il les baptisait pour montrer que Jésus allait bientôt venir les laver de leurs péchés.

2. PROCLAMEZ LA BONNE NOUVELLE!

Lorsqu'on a une bonne nouvelle, on a du mal à se taire. On en parle à d'autres ! *[Pensez en donner un exemple.]* Dieu a confié à Jean une tâche. Il devait annoncer aux hommes la bonne nouvelle de Jésus.

📖 *Marc 1:2-4, 7, 8*

> ⟩⟩ *Nous avons une bonne nouvelle à dire aux autres ! C'est la meilleure nouvelle qui soit ! Pense à des personnes qui n'ont pas encore entendu la bonne nouvelle de Jésus. Comment leur diras-tu la nouvelle ?*

CE QUE NOUS DEVONS FAIRE!

📖 *Marc 1:4*

Beaucoup de personnes ne voient pas l'intérêt de croire en Jésus. Peut-être leur arrive-t-il de croire que Jésus est venu, mais cela ne change rien dans leur vie.

• Pourquoi cette manière de penser est-elle mauvaise ?

Jean disait aux gens qu'ils devaient « se repentir » (changer leur manière de penser) parce que le Roi Jésus allait venir. Ils devaient haïr le péché et demander à Jésus de pardonner leurs fautes.

> ⟩⟩ **Le Roi des cieux est venu !**
>
> • *Restes-tu indifférent à une telle annonce ?*
>
> • *Persisteras-tu à laisser Jésus en dehors de ta vie ?*
>
> • *Ou accepteras-tu de te repentir et de croire en Jésus ?*

2 JÉSUS COMMENCE À ANNONCER LA BONNE NOUVELLE

◉ Contexte

📖 **Marc 1:1-15.** Pour Marc, ces versets sont le point de départ de son livre. Marc désire nous montrer qui est Jésus (Marc 1:1, 11). Il nous encourage à nous détourner de nos péchés et à croire à la bonne nouvelle (Marc 1:15).

◉ Leçon principale

Jésus est le Fils de Dieu. C'est Dieu lui-même qui le dit. Jésus est venu annoncer la bonne nouvelle. Nous devrions donc l'écouter, croire à la bonne nouvelle et nous détourner de nos péchés (« nous repentir »).

✵ Un travail à faire

Vous prêchez souvent la bonne nouvelle de Jésus ? Pour vos auditeurs, cette nouvelle n'a peut-être rien de nouveau. Et ils pensent peut-être pouvoir attendre encore quelques années avant d'y répondre. Réfléchissez à comment vous allez faire pour leur montrer pourquoi ce message est tellement important. Pensez à une image qui pourra les aider. Montrez-leur pourquoi ils doivent se détourner de leurs péchés et mettre leur foi en Jésus **aujourd'hui**.

Un exemple en images : imaginez que vous êtes très malade. Vous entendez dire qu'il y a un remède à l'hôpital. C'est une très bonne nouvelle ! Allez-vous donc rester à la maison et mourir ? Non, vous allez directement à l'hôpital ! La bonne nouvelle de Jésus est pour nous **aujourd'hui**.

◉ Notes

- **Marc 1:9.** « Le Jourdain » est le nom du fleuve dans lequel Jean baptisait ceux qui venaient à lui.

- **Marc 1:10.** Que représente la colombe ? Une colombe est un oiseau blanc. Par ce signe, Dieu montre qu'il est content de ce que fait Jésus. C'est une image de son Esprit qui descend sur Jésus. Son Esprit a pris la forme d'une colombe.

- **Marc 1:13.** Jésus est tenté par Satan, puis Dieu envoie des anges afin qu'ils prennent soin de lui (Matthieu 4:11).

- **Marc 1:15.** Dans l'Ancien Testament, Dieu avait promis à Israël de leur envoyer un Messie (Sauveur). L'attente du peuple a été très longue. Mais maintenant le moment de l'accomplissement de la promesse est venu. Jésus sera le Roi dans le Royaume de Dieu. Jésus régnera sur le peuple de Dieu.

DIEU PARLE !
📖 *Marc 1:9-11*

Le temps est venu pour Jésus de commencer son travail : apporter aux hommes la bonne nouvelle de Dieu.

• **Quelle est la première chose que fait Jésus en commençant son ministère (Marc 1:9) ?** Jésus est « baptisé » (plongé dans de l'eau) afin de nous laisser un exemple. Tous ceux qui suivent Jésus devraient se faire baptiser.

• **Que pense Dieu de Jésus au moment où Jésus commence son ministère (Marc 1:10, 11) ?** Souvenons-nous de ce qu'a dit Jean. Jésus est différent des autres hommes. Maintenant c'est Dieu lui-même qui fait entendre sa voix ! Jean avait raison concernant Jésus. Maintenant Dieu lui-même nous dit que Jésus est bien son Fils. Nous devons le croire.

SATAN TENTE !
📖 *Marc 1:12, 13*

Dieu exprime son plaisir. Mais Satan (le diable) est en colère. Dieu désire voir Jésus annoncer la bonne nouvelle. Satan veut l'en empêcher. Satan tente Jésus en lui proposant un chemin plus facile. (« Tenter » signifie : encourager quelqu'un à faire le mal en lui proposant un autre chemin.) Mais Jésus ne l'écoutera pas.

Ceci fait penser au peuple d'Israël dans le désert (dans Exode et dans Nombres). Israël n'a pas résisté à la tentation. Israël a fait le choix de ne pas se confier en Dieu. Mais Jésus, lui, ne cèdera pas à la tentation.

> ⏸ *Satan nous tente en nous proposant un chemin plus facile. Souviens-toi de Jésus. Il a dit non à Satan. Il s'est confié en Dieu. Nous pouvons demander à Jésus de nous aider à dire non à Satan.*

JÉSUS PRÊCHE !
📖 *Marc 1:14, 15*

Jésus a réussi l'épreuve. Maintenant il sort du désert et prêche la bonne nouvelle. Jean, lui, ne peut plus prêcher la bonne nouvelle (pour quelle raison ? Voir Marc 1:14). C'est pourquoi, à partir de ce moment, Jésus proclame le même message que Jean avait proclamé avant lui.

• **Quel est ce message ?**
📖 *Marc 1:15*

C'est la bonne nouvelle que le temps d'attente est terminé. Le roi tant attendu est venu. Celui qui peut pardonner les péchés est là. Le temps est venu d'agir.

> ⏸ *Il n'est pas nécessaire d'attendre pour connaître le pardon de nos péchés. Jésus est venu ! Loue le Seigneur pour Jésus. Détourne-toi du péché sans tarder (« repens-toi ») et suis-le. [Expliquez clairement ce que signifie se repentir – voir les notes sur Marc 1:1-8.]*

3 SUIVEZ-MOI !

Contexte

Marc 1:1-15. Dans cette première partie du livre, **Marc** nous apprend que Jésus est le Christ, le Fils de Dieu, **Jean** annonce au peuple que Jésus va venir et **Dieu** affirme que Jésus est son Fils.

Marc 1:16-20.

À partir de ce point, *Jésus lui-même* commence à **montrer** qui il est. Dans les chapitres 1 à 5 de Marc, Jésus fait beaucoup de choses pour apprendre au peuple qui il est. Il leur montre qu'il a le **pouvoir (autorité) de leur dire ce qu'ils doivent faire.** Nous avons deux exemples de cela dans Marc 1:22 et 27.

Dans cette partie de l'évangile, Marc 1:16 à 20, nous voyons Jésus exercer son pouvoir (autorité) sur un groupe de « pêcheurs » (des hommes qui attrapent des poissons). Ces hommes se mettront à suivre Jésus. Nous les appelons ses **disciples**.

Leçon principale

Jésus, le Fils de Dieu, a le pouvoir (autorité) de nous dire ce que nous devons faire.

Un travail à faire

Aidez vos auditeurs à voir que Jésus a le pouvoir (autorité) de donner des ordres.

Nous n'aimons pas que les gens nous disent ce que nous devons faire. Nous préférons choisir nous-mêmes comment nous voulons vivre. Mais le vrai chrétien est quelqu'un qui fait ce que Jésus lui dit de faire, comme ces pêcheurs. Réfléchissez à la meilleure manière d'enseigner cela à vos auditeurs. Essayez de trouver une image qui les aide à comprendre.

Notes

- **Marc 1:16.** La « mer de Galilée ». Il s'agit d'un grand lac dans une région appelée la Galilée. Essayez de la situer sur une carte biblique. Jésus a passé la plus grande partie de son temps dans cette région.

- **Marc 1:16.** « Simon ». Plus tard, Jésus l'appellera « Pierre ». Simon (Pierre), André, Jacques et Jean était 4 des 12 disciples de Jésus.

SUIVEZ-MOI !

📖 **Marc 1:16-20**

Jésus montre qu'il a le pouvoir (autorité) de donner des ordres.

⊕ **Imagine ceci.** Tu vois quelqu'un qui travaille. Il a un bon travail. Ce travail lui permet d'avoir une maison et de s'occuper de sa famille. Mais tu lui dis qu'il doit quitter son travail et te suivre. Sans être payé. Quelle sera sa réaction ? Il te dira de le laisser tranquille ! Mais lorsque Jésus dit : « Suis-moi ! », que se passe-t-il ?

• **Que font Simon et André lorsque Jésus leur dit de le suivre (Marc 1:18) ?**

Ils ne discutent pas. Ils ne disent pas qu'ils voudraient d'abord voir ce qu'en pensent leurs familles. Ils le suivent **tout de suite**. Et ils quittent aussi leur travail. Ils ne travailleront plus comme pêcheurs. Désormais ils feront ce que Jésus leur demande.

• **Que font Jacques et Jean lorsque Jésus leur dit de le suivre (Marc 1:20) ?**

> ⟫ *Jésus a le pouvoir (autorité) de donner des ordres. Lorsque nous lisons la Bible, Jésus a le pouvoir (autorité) de nous dire ce que nous devons faire. Jésus nous dit de mettre le péché derrière nous. Il nous dit que nous pouvons commencer une nouvelle vie en obéissant à ses ordres. Il nous dit : « Suivez-moi ! ».*

DEVENEZ DES PÊCHEURS D'HOMMES !

📖 **Marc 1:17**

Jésus choisit ces hommes en vue d'un travail bien précis. Mais tout le monde ne quitte pas son travail pour le suivre. Et Jésus ne nous appelle pas tous à devenir des prédicateurs.

• **À quelle tâche précise Jésus appelle-t-il ces pêcheurs ? Marc 1:17**

Autrefois, ils attrapaient des poissons. Maintenant ils « attraperont » des hommes. Jésus leur apprendra comment annoncer aux hommes la bonne nouvelle. En annonçant la bonne nouvelle de Jésus il prendront des hommes dans le « filet » du royaume. Jésus les appelle à devenir des **prédicateurs** comme lui-même.

> ⟫ *Il n'y a pas de travail plus important que celui d'annoncer aux hommes la bonne nouvelle. Jésus ne te demandera peut-être pas de quitter ton travail. Il ne fera peut-être pas de toi un prédicateur de l'évangile. Mais il veut que tous les chrétiens aillent « à la pêche » des hommes. Et Jésus veut que, toi aussi, tu aides les personnes autour de toi à connaître Jésus et à le laisser régner sur leurs vies.*

> ⟫ *Pense à des personnes que tu connais qui ne comprennent pas ces choses. Demande à Dieu de t'aider à leur annoncer la bonne nouvelle de Jésus.*

4 JÉSUS ENSEIGNE AVEC AUTORITÉ

◘ Contexte

📖 **Marc 1:16-20.** Jésus a le pouvoir (autorité) de nous **dire ce que nous devons faire.** Jésus a dit : « Suivez-moi ! ». Les disciples ont quitté leurs filets et l'ont suivi.

📖 **Marc 1:29-45.** Jésus a le pouvoir (autorité) de **guérir.**

📖 **Marc 2:1-12.** Jésus a le pouvoir (autorité) de **pardonner les péchés.**

Marc nous a déjà appris que Jésus est le Fils de Dieu. Maintenant il nous fait découvrir le pouvoir (autorité) de Jésus en tant que Fils de Dieu.

◘ Leçon principale

Jésus, le Fils de Dieu, a le pouvoir (autorité) de **nous enseigner la vérité.**

◘ Un travail à faire

Le but de Marc n'est **pas** de nous montrer que nous avons le même pouvoir que Jésus. Il veut surtout nous faire comprendre que Jésus est différent de nous. Il veut nous faire comprendre que Jésus est le Fils de Dieu. Vous devrez centrer votre sermon sur Jésus. Priez que vos auditeurs comprennent l'autorité et la puissance de Jésus. Ainsi ils pourront mettre leur confiance en Jésus. Ils se fieront à ce qu'il leur dit.

◘ Notes

- **Marc 1:21.** « Le jour du sabbat ». C'est le jour de la semaine où les Juifs célébraient (et célèbrent encore aujourd'hui) le culte. Ils se réunissaient dans des bâtiments appelés des « synagogues ». Un enseignant lisait un passage de l'Ancien Testament et enseignait le peuple de Dieu.

- **Marc 1:22.** Les « scribes » (enseignants de la Loi) enseignaient régulièrement dans les synagogues. Ils avaient étudié l'Ancien Testament (« la Loi ») pendant de nombreuses années.

- **Marc 1:24.** Le mauvais esprit prononce le nom de Jésus dans le but d'exercer un pouvoir sur lui. Mais le pouvoir de Jésus est plus grand que celui de l'esprit. Jésus oblige l'esprit à se taire.

JÉSUS ENSEIGNE AVEC AUTORITÉ

Marc 1:21, 22

Jésus était un orateur puissant. Comment expliquer son succès ?

• Il criait d'une voix forte ?

• Il racontait beaucoup d'histoires qui captaient l'attention de ses auditeurs ?

Non. Marc ne parle pas de cela. « Tous furent saisis de stupeur » (ils étaient très surpris) parce qu'ils savaient que Jésus **disait la vérité au sujet de Dieu.** Il n'enseignait pas comme les scribes (enseignants de la Loi). Jésus faisait beaucoup plus que de leur parler de l'Ancien Testament. Jésus leur apprenait des choses nouvelles (Marc 1:27). Et ces choses nouvelles complétaient (et ne contredisaient pas) tout qu'ils connaissaient déjà.

≫ Il y a beaucoup d'enseignants qui nous enseignent des choses pas justes. Ce sont parfois de très bons orateurs. Mais nous ne devons les croire que s'ils nous disent la vérité sur Jésus. Tu dois seulement les croire si ce qu'ils disent vient de la Bible.

≫ Jésus enseigne avec autorité. Ce qu'il dit est la vérité. (Jean 14:6).

SON POUVOIR SUR LES MAUVAIS ESPRITS

Marc 1:23-26

Le mauvais esprit avait très peur parce qu'il connaissait l'identité de Jésus. Il savait que Jésus est vraiment le Fils de Dieu.

Et si Jésus est le Fils de Dieu, cela veut dire que son pouvoir sur les mauvais esprits est réel. Si nous nous confions en Jésus nous n'avons pas à avoir peur des mauvais esprits. Jésus est plus fort que n'importe quel esprit mauvais. Jésus a vaincu le diable à la croix.

≫ Demande à Jésus de te délivrer de toute crainte des mauvais esprits. Confie ta vie entière à son pouvoir.

LE PEUPLE ÉTAIT TRÈS SURPRIS

Marc 1:27, 28

• **Qu'est-ce qui les surprend (les « étonne ») le plus (Marc 1:27) ?**

• **Quelle question posent-ils ?**

L'étonnement du peuple ne s'explique pas seulement du fait des pouvoirs extraordinaires de Jésus. Ils savaient qu'ils se trouvaient en présence de **quelqu'un de très différent d'eux.** Ils savaient que son **enseignement** était puissant. *[Cherchez à appliquer cela à la vie de ceux qui vous écoutent.]*

5 JÉSUS EST VENU PRÊCHER LA BONNE NOUVELLE

◉ Contexte

📖 **Marc 1:21-28.** Jésus a le pouvoir (autorité) de nous **enseigner la vérité**.

📖 **Marc 2:1-12.** Jésus a le pouvoir (autorité) de **pardonner les péchés**.

Marc nous fait découvrir le pouvoir (autorité) de Jésus, le Fils de Dieu.

Dans Marc 1:29-45 il nous propose d'autres exemples du pouvoir de Jésus.

En même temps Marc nous montre que Jésus n'est pas venu seulement pour faire des miracles.

Dans son évangile Marc nous dit clairement, à trois reprises, **pourquoi** Jésus est venu (Marc 1:38, 2:17, 10:45).

📖 **Marc 1:29-45**

◉ Leçon principale

Jésus, le Fils de Dieu est venu afin de **prêcher** la bonne nouvelle. Il est plus important d'apprendre aux gens la vérité concernant Jésus que de les guérir.

✦ Un travail à faire

Cette partie de l'évangile est nettement plus longue que les parties précédentes. Il n'est pas nécessaire d'entrer dans tous les détails de ce texte. Servez-vous des exemples de guérison dans le ministère de Jésus pour montrer sa puissance. Rien n'est trop difficile pour Jésus ! Cependant, en dépit de son immense pouvoir, la guérison n'est pas la seule raison pour laquelle il est venu. Il est plus important d'annoncer aux gens la bonne nouvelle du salut.

◉ Notes

- **Marc 1:40.** « La lèpre ». En toute probabilité il ne s'agit pas de la maladie que nous appelons de ce nom aujourd'hui. Ce mot décrit certains types de maladies de la peau. Dans l'Ancien Testament, il est question de personnes souffrant de ces maladies. Il fallait s'en éloigner. Ces personnes n'avaient pas le droit de s'approcher de Dieu pour le culte (Lévitique 13:45, 46). Dans Marc 1:44 Jésus dit à cet homme d'aller voir le prêtre afin de pouvoir s'approcher de Dieu à nouveau. Nous constatons avec tristesse que cet homme n'a pas voulu obéir à Jésus.

RIEN N'EST TROP DIFFICILE POUR JÉSUS

Jésus montre qu'il a le pouvoir de guérir toutes sortes de maladies.

📖 *Marc 1:29-31.* La belle-mère de Simon.

📖 *Marc 1:32-34.* « Tous les malades et les démoniaques ».

📖 *Marc 1:40-42.* La lèpre.

Voici quelques points que nous devons noter -

• La guérison de Jésus est **immédiate** (Marc 1:31, 42). Il suffisait que Jésus parle, ou qu'il touche quelqu'un pour que la personne soit guérie. C'est parce que Jésus a la puissance de Dieu.

• La guérison de Jésus est l'expression de son **amour**. Remarquons la douceur de Jésus en Marc 1:31. Remarquons aussi la manière dont il s'occupe de l'homme lépreux en Marc 1:41.

• Jésus **touche** l'homme lépreux en Marc 1:41. Or, les gens avaient peur de la lèpre. Les personnes atteintes de la lèpre devaient vivre à l'écart des autres. Mais Jésus, lui, n'a pas peur. Car son pouvoir est plus fort que la lèpre.

• Jésus ne cherchait pas à devenir **célèbre** (Marc 1:43-45). Jésus ne voulait pas que les gens viennent à lui pour être guéris seulement. Il voulait qu'ils comprennent qui il est.

JÉSUS EST VENU POUR PRÊCHER

📖 *Marc 1:35-39*

[Demandez à vos auditeurs de s'imaginer présents lors de cette histoire.] Il est très tôt le matin. Jésus essaie de trouver du temps seul avec Dieu. Mais tout le monde est déjà debout. Ils cherchent Jésus. Beaucoup de personnes désirent qu'il vienne les guérir. Et que dit Jésus (Marc 1:38) ?

Ce n'est pas qu'il est méchant ou qu'il manque de gentillesse. Mais Jésus sait très clairement la raison pour laquelle il est venu. Il n'est pas venu seulement pour guérir les gens. Il est venu leur annoncer la bonne nouvelle le concernant. Jésus n'est pas « le guérisseur » ; il est « le Sauveur ». Il lui reste de nombreuses villes à visiter. Car tout le monde doit entendre la bonne nouvelle de Jésus.

> ⏩ *Aujourd'hui encore beaucoup viennent à Jésus pour être guéris. Mais Jésus n'est pas venu seulement pour guérir. Pour Jésus, il est beaucoup plus important qu'il nous sauve de nos péchés. À quoi cela sert-il d'être guéris de nos maladies ici-bas, si nous passons l'éternité en enfer ?*

6 JÉSUS A LE POUVOIR DE PARDONNER LES PÉCHÉS

▣ Contexte

Marc est en train de nous faire découvrir le pouvoir (« autorité ») de Jésus, le Fils de Dieu. Dans Marc 1:29-45 Marc nous a donné des exemples de ce pouvoir de Jésus.

Dans Marc 2:1-12, Jésus manifeste un pouvoir totalement différent. Et, en le faisant, il nous fait comprendre qu'il est vraiment Dieu.

▣ Leçon principale

Jésus a le pouvoir de pardonner les péchés. Dieu seul a le pouvoir de pardonner les péchés. Jésus est donc Dieu.

▣ Un travail à faire

Il est possible que parmi vos auditeurs certains ne pensent pas que leurs péchés posent un réel problème. Ils souhaitent que Dieu leur vienne en aide d'une manière ou d'une autre. Mais leur désir suprême n'est pas de voir Dieu leur pardonner leurs péchés. Réfléchissez à la manière dont vous pourrez utiliser cette histoire pour aider ces personnes. Jésus parle avec cet homme d'une manière très directe et intime ! Certaines personnes trouveraient peu correct que Jésus leur parle de leurs péchés. Mais Jésus, lui, sait quel est le plus grand besoin des hommes.

▣ Notes

- **Marc 2:3** « Un paralytique ». Cet homme était paralysé. Il ne pouvait pas marcher parce que ces jambes ne fonctionnaient plus.

- **Marc 2:4**. Les maisons avaient des toits plats. On pouvait accéder au toit par un escalier extérieur. C'était facile de faire un trou dans un toit et c'était tout aussi facile de le réparer ensuite.

- **Marc 2:7**. « Il blasphème ». Cela signifie qu'« il parlait contre Dieu ». Nous blasphémons lorsque nous prétendons pouvoir faire des choses que seul Dieu peut accomplir.

DES PAROLES CHOQUANTES

📖 *Marc 2:1-7*

[Aidez vos auditeurs à imaginer la scène. Racontez l'histoire de manière à ce qu'ils ressentent le choc que suscitent les paroles de Jésus dans Marc 2:5. Quelles paroles attendaient-ils ? Que voulait cet homme ? Pourquoi les paroles de Jésus sont-elles tellement choquantes ?]

⊕ *[Servez-vous d'une petite histoire pour aider vos auditeurs à comprendre.]* Imaginons un petit garçon très malade. La famille entend parler d'un grand médecin qui passe dans leur village. Il peut guérir leur enfant. Ils se rendent chez lui. Ils ont hâte de l'entendre dire : « Oui, je peux le guérir ». Mais au lieu de cela il lui annonce : « Tu as besoin d'être pardonné de tes péchés ! » Comment réagirions-nous ? Que dirions-nous ?

🔊 *Ces paroles sont-elles vraiment les **meilleures** paroles que Jésus puisse te faire entendre ? Est-ce vraiment la chose la plus importante au monde d'entendre dire que tes péchés te sont pardonnés ?*

Certaines personnes étaient choquées par ces paroles (Marc 2:7). D'un certain point de vue, ils n'avaient pas tort. Seul Dieu peut pardonner les péchés. Ce serait impensable que l'un de nous dise à quelqu'un : « Mon fils, tes péchés te sont pardonnés ». Jésus se prend pour Dieu !

DES PAROLES MERVEILLEUSES

📖 *Marc 2:8-12*

N'importe qui peut **prononcer** les paroles : « tes péchés te sont pardonnés ». Mais comment savoir que c'est vrai ? Comment ces gens pouvaient-ils savoir que Jésus **pouvait vraiment** pardonner les péchés ?

Jésus leur **prouve** que ses paroles sont vraies (Marc 2:8-12). *[Racontez l'histoire de façon que vos auditeurs imaginent facilement la scène. Aidez vos auditeurs à ressentir eux-mêmes la surprise de la foule.]*

Jésus prouve qu'il a le pouvoir de pardonner les péchés en montrant qu'il a le pouvoir de faire marcher un homme. Seul Dieu a ce pouvoir. **Jésus est donc Dieu**.

🔊 *Tes péchés te sont pardonnés. Ce sont des paroles merveilleuses car Jésus a le pouvoir (autorité) de les dire ! Jésus est venu sur terre afin de pardonner les péchés. Jésus est mort sur la croix pour le pardon des péchés. Jésus promet de pardonner nos péchés lorsque nous mettons notre confiance en lui. Si tu réalises que cela est la chose la plus importante dans ta vie, alors mets ta confiance en Jésus aujourd'hui pour qu'il te pardonne tes péchés.*

7 LE GENRE DE PERSONNE QUE JÉSUS APPELLE

▣ Contexte

Dans Marc 2:1-12 Jésus montre qu'il a le pouvoir de pardonner les péchés. Maintenant il va montrer qu'il n'est pas venu pour ceux qui pensent être bons. Il est venu pour les pécheurs. Jésus est venu pour ceux qui ont besoin de lui pour le pardon de leurs péchés.

Marc 2:17 est le deuxième verset qui affirme **la raison pour laquelle il est venu**. (Voir Marc 1:38.)

⊡ Leçon principale

Jésus n'est pas venu pour ceux qui pensent être bons. Il est venu pour les pécheurs.

✺ Un travail à faire

Les gens continuent à penser que Jésus choisit ceux qui sont bons ! Beaucoup pensent être bons ! Ils pensent que Jésus les apprécie parce qu'ils sont bons. Cette partie de l'évangile nous apprend que cette façon de penser est **mauvaise**. Vous devez réfléchir à la meilleure manière de dire cela et demandez à Dieu de vous aider à le dire.

Votre but est de faire comprendre à des personnes qui savent qu'elles sont mauvaises, que Jésus est venu pour elles ! Vous devez les amener à demander à Jésus de les sauver de leur péché.

Certaines personnes pensent qu'elles sont bonnes. Vous devez leur montrer qu'elles sont mauvaises ! Vous voulez les amener à demander à Jésus de les rendre bonnes.

⊡ Notes

- **Marc 2:14**. « Lévi » est un autre nom pour **Matthieu**.

- **Marc 2:14**. « Les péagers » (ou « les collecteurs d'impôts »). Il s'agit de Juifs qui récoltaient les taxes pour les Romains. La majorité des gens les détestaient, car ils travaillaient pour leurs ennemis. La plupart des gens pensaient qu'un vrai Juif ne pouvait pas collaborer avec les Romains. Aussi la grande majorité des collecteurs d'impôts étaient des tricheurs. Ils gardaient une grande partie de l'argent pour eux-mêmes et devenaient riches.

- **Marc 2:15**. « Les pécheurs ». Nous savons que tous les hommes sont des pécheurs. Mais les Juifs, eux, utilisaient ce terme pour parler d'une certaine catégorie de personnes. Pour eux, les « pécheurs » étaient des personnes qui vivaient une mauvaise vie. Par exemple, les prostituées faisaient partie des « pécheurs ». Les collecteurs d'impôts et les « pécheurs » étaient souvent de bons amis. Les Juifs les détestaient tous.

- **Marc 2:16**. « Les Pharisiens ». Il s'agit de personnes qui faisaient d'énormes efforts pour vivre selon la loi de Dieu. Ils étaient extrêmement pointilleux (strictes) et pensaient qu'ils étaient bons.

JÉSUS APPELLE DES PÉCHEURS

📖 *Marc 2:17*

Penses-tu être le genre de personne que Jésus appelle à lui ? Es-tu un pécheur ? *[Evoquez la surprise que suscitent les paroles de Jésus. Jésus est venu pour les pécheurs !!]*

- **Ceci est une bonne nouvelle pour ceux qui pensent être mauvais !** Tout le monde a de la haine pour ces « pécheurs » et pour ces collecteurs d'impôts. Mais Jésus est venu sauver la pire espèce ! Il les aime !

- **Ceci est une mauvaise nouvelle pour ceux qui pensent être bons !** Remarquons aussi les personnes que Jésus n'est **pas** venu appeler (Marc 2:17). Les « justes » sont ceux qui se croient bons. Les Pharisiens pensent être déjà assez bons. Et ils n'acceptent pas de voir Jésus manger avec ceux qu'ils estiment mauvais (Marc 2:16).

- **Ceci est une nouvelle importante pour ceux qui sont sauvés !** Si nous savons que Jésus a pardonné nos péchés nous allons vouloir en parler à d'autres. Mais à quel genre de personne devrons-nous nous adresser ? Le dirons-nous à des gens gentils seulement ou à des gens qui vont à l'église ? Ou le dirons-nous à ceux qui sont mauvais ?

POURQUOI JÉSUS APPELLE-T-IL DES PÉCHEURS ?

📖 *Marc 2:17*

Jésus explique pourquoi il est venu pour des pécheurs. C'est parce qu'ils ont besoin de lui ! *[Servez-vous de l'image d'un médecin (celle qu'utilise Jésus dans ce texte) afin d'aider vos auditeurs à comprendre.]* Seuls les malades vont consulter un médecin. Jésus peut nous guérir de tous nos péchés. C'est pour cela qu'il est mort sur la croix. Nous devons demander à Jésus de nous pardonner tous nos péchés et de nous guérir.

[Montrez aussi pourquoi les gens qui s'estiment « bons » disent ne pas avoir besoin du « Docteur Jésus ». Ils pensent qu'ils sont bons déjà, sans avoir recours au médecin ! Ils n'ont pas besoin de Jésus pour leur pardonner leurs péchés.]

⊕ Racontez l'histoire d'une femme en bonne santé qui se rend chez le médecin. Elle lui annonce à quel point elle est en forme ! Elle ne permet pas au médecin de l'examiner. Elle souhaite seulement qu'il lui dise quelque chose de complaisant ! Il est clair qu'un médecin ne perdra pas son temps avec des personnes en bonne santé ! Jésus n'est pas venu pour les « bons », car ils n'ont pas besoin d'un médecin.

À QUOI JÉSUS APPELLE-T-IL LES PÉCHEURS ?

📖 *Marc 2:14*

Lévi aime l'argent. Jésus l'appelle à tourner le dos à l'argent. Il se met à suivre Jésus. *[Faites bien comprendre à vos auditeurs que ceci implique un changement de vie total.]*

Jésus nous appelle à quitter notre ancienne vie. Il nous appelle à renoncer à nos péchés. Il nous appelle à faire demi-tour et à suivre Jésus.

> ⊠ *Racontez cette histoire d'une personne qui refuse de prendre les médicaments que lui prescrit son médecin. Guérira-t-elle ?*
>
> ⊠ *Acceptes-tu le remède que te prescrit le médecin Jésus ? Lui demanderas-tu de te pardonner tes péchés ? Accepteras-tu de quitter ta vie ancienne ?*

8 JÉSUS EST-IL BON OU MAUVAIS ?

◙ Contexte

L'Évangile de Marc est beaucoup plus qu'une collection d'histoires sur Jésus. Il est très important de voir que l'Évangile de Marc est une **seule** histoire. Et c'est une histoire qui se termine avec la mort et la résurrection de Jésus.

Avez-vous déjà remarqué la manière dont cette histoire nous conduit vers la croix ? Au début de l'histoire, tout le monde est content de Jésus même s'il les surprend. Ils aiment son enseignement et ses guérisons. Ils pensent que Jésus est quelqu'un de bien. Puis Jésus commence à faire des choses qui ne leur plaisent plus. ▱▱ *Marc 2:7, 16.*

À partir de ce moment, certains commencent à penser qu'il est mauvais ! Ils commencent à le haïr. ▱▱ *Marc 2:18-3:6.* Remarquez aussi la manière dont Marc choisit de terminer cette partie de l'Évangile dans **Marc 3:6**.

◙ Leçon principale

Jésus n'est pas venu pour entretenir la religion de son époque. Il est venu nous transmettre une vie nouvelle. Cette vie nouvelle nous transforme entièrement.

◙ Notes

• **Marc 2:18**. Les disciples « jeûnaient ». La personne qui jeûne ne mange pas pendant une période de temps assez long, souvent une journée entière par exemple. Dans l'Ancien Testament, les membres du peuple de Dieu jeûnaient à des moments précis pour montrer qu'ils regrettaient d'avoir péché contre Dieu (Lévitique 16, Exode 34:28, Néhémie 1:4). Les Pharisiens jeûnaient souvent, pensant que Dieu serait content d'eux. Les disciples de Jean jeûnaient sans doute pour montrer qu'ils regrettaient d'avoir péché contre Dieu ou pour dire qu'ils attendaient la venue du Messie.

• **Marc 2:19, 20**. « L'époux ». Jésus utilise une image que nous trouvons dans l'Ancien Testament (Osée 2:16-20, Esaïe 54:5). Dieu est comparé à un époux qui épousera son peuple. Et le mariage est un temps pour se réjouir, et non pour jeûner ! En fait Jésus est en train d'affirmer qu'il est lui-même l'époux. Ceux qui le suivent ne seront pas tristes. Ils seront heureux. Comme lors d'un mariage.

• **Marc 2:22**. « De vieilles outres ». A cette époque on transportait le vin dans des sacs en cuir fabriqués avec des peaux de chèvre. La fermentation (vieillissement) du vin faisait agrandir ces sacs. Mais comme les sacs ne pouvaient pas s'agrandir indéfiniment, mettre du vin nouveau dans ces sacs les faisait éclater.

JÉSUS EST-IL CONTRE LA LOI ?

📖 *Marc 2:18-20*

⊕ *[Commencez en racontant une histoire comme celle-ci. Vous trouverez peut-être une meilleure illustration qui conviendra mieux à votre situation propre.]* Dans certaines églises, on pense que les hommes doivent porter la cravate. Bien que la Bible n'en dise rien, c'est la règle dans ces églises. Car on pense que ce n'est pas possible pour un homme d'être un bon chrétien s'il ne porte pas la cravate !

Les Juifs pensaient que, pour être un bon Juif, il fallait jeûner. L'Ancien Testament ne leur demandait pas de jeûner souvent mais c'était la règle qu'ils s'étaient donnés. Jésus n'est pas contre le jeûne. Mais il ne demandera pas à ses disciples de jeûner. Par conséquent, ils pensaient que Jésus ne pouvait pas être un bon Juif.

• Pourquoi les disciples de Jésus ne devaient-ils pas jeûner ? Expliquez à vos auditeurs les raisons pour lesquelles ils ne jeûnaient pas. Jésus est le Messie de Dieu. Le temps était plutôt à la réjouissance qu'au jeûne et à la tristesse.

⟫ *Il serait facile de commettre la même erreur que ces Juifs. As-tu des règles qui ne sont pas dans la Bible ? Te sers-tu de ces règles pour juger d'autres chrétiens ? La vie chrétienne n'est pas une affaire de règles. La vie chrétienne concerne notre désir de ressembler à Jésus.*

LE VIN NOUVEAU DE JÉSUS

📖 *Marc 2:21-22*

Jésus se sert de deux images afin de faire passer un message important. **Jésus n'est pas venu pour entretenir la religion de son époque. Il est venu nous transmettre une vie nouvelle.**

• Expliquez le sens des deux images : celle d'un vêtement et celle du vin. Transformez-les en histoires afin d'aider vos auditeurs à comprendre ce qui se passerait si on faisait ce que Jésus dit de ne pas faire.

Les Juifs connaissaient la religion et ses pratiques. Dans leur expérience la religion était quelque chose de dur et de rigide, comme les vieilles outres qui contenaient le vin. Aujourd'hui encore, nous avons des règles qui font penser à ces vieilles outres. Mais Jésus est venu afin de nous donner le vin nouveau de l'évangile ! La vérité de Jésus nous fait connaître la plénitude de sa vie et de son amour ! Il ne vient pas nous imposer des règles *extérieures*. Il désire plutôt nous transformer *à l'intérieur* et apporter un changement réel dans nos vies.

Alors que se passe-t-il lorsque Jésus verse son vin nouveau dans les vieilles outres qui sont nos règles religieuses ? Les outres s'éclatent ! Jésus ne nous permet pas de garder nos vieilles règles.

⟫ *Désires-tu le vin nouveau de Jésus ? Désires-tu que Jésus te pardonne tes péchés et qu'il transforme ta vie ? Désires-tu être rempli de sa vie afin de le suivre dans toutes ses voies ? Ou préfères-tu une vie religieuse avec ces vieilles outres rigides ? Tu ne peux pas avoir les deux.*

9 JÉSUS EST LE MAÎTRE DU SABBAT

▣ Contexte

Les Juifs observent Jésus de près. Ils veulent que tout le monde voie que Jésus est quelqu'un de mauvais. Gardera-t-il leurs lois ?

📖 Marc 2:18 , 24 et Marc 3:2

Les Juifs avaient des idées très strictes concernant le **Sabbat**. Dans l'Ancien Testament le jour du Sabbat est un jour consacré à Dieu.

📖 Exode 20:8-11

Le thème de ce texte (Marc 2:23-28) et du suivant (Marc 3:1-6) est le Sabbat. Les Juifs pensent que Jésus ne respecte pas les règles concernant ce jour.

⊙ Leçon principale

Jésus est le Maître du Sabbat. Il garde les lois de Dieu de la bonne manière - *comme Dieu le veut* et non pas selon les règles des hommes. Et nous ? Faisons-nous comme Jésus ?

✦ Un travail à faire

Les Pharisiens posent des questions à Jésus concernant le **Sabbat**. Mais Jésus ne leur répond pas. Au lieu de cela, il leur raconte une histoire qui parle de **pain consacré à Dieu**. Prenez un instant pour réfléchir à cette réponse. Jésus leur montre que leur façon de penser n'est pas bonne. Pourquoi leur façon de comprendre les lois de Dieu est-elle mauvaise ?

▣ Notes

- **Marc 2:24.** Les « Pharisiens ». Il s'agit de Juifs qui gardaient la loi de façon très stricte. Non seulement ils gardaient les lois de l'Ancien Testament mais ils avaient aussi fabriqué beaucoup d'autres lois qu'ils ajoutaient aux lois de Dieu. Une de **leurs** lois disait qu'on n'avait pas le droit de cueillir des grains de blé le jour du Sabbat. Dieu dit qu'on ne doit pas travailler le jour du Sabbat. Pour ces Pharisiens, cueillir des grains de blé est un travail. Parce qu'en cueillant les grains, on les moissonne ! Ceci nous montre que leurs lois étaient devenues ridicules.

- **Marc 2:25, 26.** Pour enseigner le peuple Jésus rappelle des histoires de l'Ancien Testament. Dans Lévitique 24:5-9 nous lisons que seuls les prêtres avaient le droit de manger le pain consacré qui se trouvait dans le « tabernacle » (le sanctuaire de Dieu). Mais dans 1 Samuel 21:1-6 nous lisons que lorsque David et ses hommes avaient très faim, ils ont mangé de ce pain. Aucun d'eux n'était prêtre mais ils ont mangé de ce pain parce qu'ils en avaient besoin. Et Dieu était heureux de les laisser manger de ce pain.

- **Marc 2:28.** « Le Fils de l'Homme ». C'est l'expression que Jésus utilisait pour parler de lui-même. C'est un nom que nous retrouvons dans l'Ancien Testament. Ce nom nous apprend non seulement que Jésus est pleinement humain (un homme) mais qu'il est aussi ce personnage puissant annoncé dans l'Ancien Testament.

LE SABBAT EST FAIT POUR L'HOMME !

📖 **Marc 2:27**

Parfois il est bon de ne pas obéir à la loi ! Racontez l'histoire qui suit pour expliquer cela.

⊕ Un petit garçon a tellement faim qu'il est sur le point de mourir. Tu veux l'aider mais tu n'as pas de nourriture à lui donner. Dans la maison de ton voisin il y a de la nourriture mais ton voisin est absent. Tu sais que tu ne dois pas voler. Alors tu laisses mourir de faim ce petit garçon.

Penses-tu plaire à Dieu en agissant ainsi ? Bien sûr que non ! Car s'il est vrai que tu n'as pas volé la nourriture de ton voisin, en même temps tu as laissé mourir ce garçon. Il aurait été plus **juste** de prendre cette nourriture et de la remplacer plus tard ! Parfois il peut être nécessaire de ne pas obéir à la loi. C'est ce qu'enseigne Jésus lorsqu'il raconte cette histoire de David et ses hommes. *[Racontez l'histoire.]*

Dieu nous a donné des lois pour nous montrer comment vivre. Le Sabbat (tout comme les autres lois de Dieu) est fait pour l'homme et pour son bien. Toutes les lois de Dieu sont données pour nous aider à vivre le plus correctement possible. Elles ne nous sont pas données pour nous faire du mal. Dieu désire que nous obéissions à ces lois et il est donc important de l'écouter. Mais nous ne devons pas penser que Dieu aime seulement ses **lois**. Dieu **nous** aime aussi !

Dieu nous a donné la loi concernant le Sabbat pour nous aider à vivre le mieux possible. *[Donnez un enseignement concernant le quatrième commandement.]* Il est très important que nous ayons un jour par semaine pour nous reposer et pour prendre le temps de penser à Dieu. Dieu veut que nous nous reposions de notre travail parce qu'il sait que nous en avons besoin et que cela nous fait du bien. Le Sabbat est fait pour l'homme.

Or, les Juifs ressemblaient à des hommes qui portent un sac lourd sur le dos. Et il est difficile de marcher dans de telles conditions ! Ce sac est rempli de milliers de petites lois que l'homme est sensé devoir respecter. Mais il est très difficile de vivre de cette manière. Et Dieu ne veut pas que nous vivions de cette façon. Jamais Jésus ne dira à ses disciples qu'ils ne doivent pas cueillir quelques grains de blé un jour du Sabbat (Matthieu 11:28-30) !

JÉSUS EST LE MAÎTRE DU SABBAT

📖 **Marc 2:28**

Les Juifs se prenaient pour les maîtres du Sabbat ! Ils estimaient avoir le droit de dire au peuple ce qu'on pouvait faire ou ne pas faire le jour du Sabbat.

Mais Jésus leur dit : « Non, vous avez tort. Vous comprenez mal les lois de Dieu. C'est moi le Maître du Sabbat. Je comprends correctement les lois de Dieu. Et j'ai le droit de dire au peuple comment garder les lois de Dieu.

> ⟫ *Es-tu quelqu'un qui essaie de garder les lois de Dieu comme ces Juifs ? Essaies-tu de garder une multitude de petites lois que tu portes dans un sac sur ton dos ?*
>
> *Ou gardes-tu les lois de Dieu comme Jésus ? C'est une joie pour toi d'obéir à Dieu, parce que tu aimes ses voies.*

10 DES GENS QUI VEULENT FAIRE MOURIR JESUS

▣ Contexte

Beaucoup de Juifs commencent à haïr Jésus.

Parce que Jésus dit qu'il est venu pour ceux qui sont mauvais ! 📖 **Marc 2:17.**

Parce que Jésus ne respecte pas leurs lois !

📖 **Marc 2:18, 23.**

Parce que Jésus leur montre aussi que ce qu'ils croient concernant la religion n'est pas juste !

📖 **Marc 2:19-22, 25, 26.**

Parce qu'il a même osé leur annoncer que c'est lui le Maître du Sabbat.

📖 **Marc 2:28.**

C'est pourquoi les responsables Juifs cherchent un moyen de piéger Jésus. Ils veulent le mettre en difficulté afin de pouvoir l'accuser. 📖 **Marc 3:1-6.**

▣ Leçon principale

Il est possible d'être très religieux et en même temps de haïr Jésus !

▣ Un travail à faire

Aujourd'hui la majorité des hommes pensent que Jésus était quelqu'un de bien. Ils ne le détestent pas comme les Juifs l'ont fait à son époque. Aujourd'hui les hommes sont plutôt indifférents et vivent leurs vies sans tenir compte de lui. Nous devons faire comprendre à nos auditeurs qu'il n'est pas bon de traiter Jésus de cette manière. Si nous comprenons qui est Jésus, soit nous l'aimerons soit nous le haïrons. Soit nous l'aimerons en reconnaissant qu'il est venu pour nous sauver, soit nous le haïrons parce qu'il nous montre que nous sommes mauvais (et nous ne l'acceptons pas).

▣ Notes

- **Marc 3:1.** « La main sèche (ou paralysée) ». Cet homme ne pouvait plus se servir de sa main qui ne fonctionnait plus très bien.

- **Marc 3:2.** D'après les lois **des Juifs**, on ne devait pas guérir un jour de Sabbat. Jésus leur explique pourquoi ils ont tort de penser cela.

- **Marc 3:6.** « Les Hérodiens ». Ces personnes étaient des amis du roi Hérode et du gouvernement Romain. En temps normal, les Pharisiens détestaient les Hérodiens. Mais maintenant ils se mettent ensemble afin de faire mourir Jésus.

DES CŒURS QUI SONT DURS

📖 *Marc 3:5*

• Dans Marc 3:1-6, qu'est-ce qui nous montre que leurs cœurs étaient endurcis ? (un « cœur endurci » est le cœur d'une personne qui n'accepte pas la vérité et qui refuse de changer de vie). *Essayez de trouver une image qui aide à comprendre ce qu'est un coeur endurci.*

Racontez cette histoire en montrant le contraste entre Jésus qui est bon et gentil et les Juifs qui sont cruels et méchants. Ils n'ont absolument aucune compassion pour cet homme malade ! Et ils ont de la haine pour Jésus parce qu'il a de la compassion pour cet homme.

Dans Marc 3:4 Jésus leur pose une question toute simple. Mais ils ne lui répondent pas. Et nous savons très bien pourquoi ils ne désirent pas lui répondre ! C'est parce que leurs cœurs sont endurcis. Ils ne veulent pas voir Jésus faire le bien. Ils cherchent seulement à le voir se soumettre à leurs lois.

⊠ Ton cœur est-il en train de s'endurcir ? [Réfléchis aux exemples ci-dessous.].

⊠ T'arrive-t-il d'écouter la Bible mais de ne faire que ce qui te plaît ? T'arrive-t-il de parler aux autres de Jésus mais sans les aider vraiment dans leur vie de tous les jours ? T'arrive-t-il de te mettre en colère dès que quelqu'un te fait remarquer que tu as tort ?

DES RELIGIEUX QUI TUENT

📖 *Marc 3:6*

Ces Juifs pratiquaient leur religion de façon très stricte. À cause de cela tout le monde pensait que ces Juifs étaient forcément des personnes très bonnes qui iraient au ciel au moment de leur mort. Penses-tu possible que de telles personnes aient de la haine pour un homme de bien ? Leur haine pour Jésus est telle qu'ils cherchent à le faire mourir ! Et ces personnes – religieuses ! - finiront par le faire mourir à la croix.

Pourquoi voulaient-ils faire mourir Jésus ? C'est parce qu'il guérit un homme **le jour du Sabbat**. Il n'accepte pas de se soumettre à **leurs** règles. Nous voyons bien que leur religion n'est vraiment pas bonne !

⊠ Une religion de lois et de règles est extrêmement dangereuse. Nous aurions tort de nous dire chrétiens et de pratiquer une religion qui n'est qu'une affaire de lois. Et nous aurions tort de nous fâcher avec des chrétiens parce qu'ils ne respectent pas nos règles humaines.

⊠ Aimes-tu Jésus ou aimes-tu des règles ? Veux-tu faire le bien ou préfères-tu obéir à une loi ? Jésus te regarde-t-il comme il regarde les Juifs en Marc 3:5 ? Demande à Jésus de te pardonner et de te donner un cœur moins dur, plus aimant.

11 JÉSUS CHOISIT DOUZE DISCIPLES

▣ Contexte

Nous avons vu que beaucoup de Juifs ne veulent pas de Jésus. Ils auraient dû le recevoir comme leur Messie. Mais, au lieu de cela, ils le haïssent parce qu'il ne respecte pas leurs règles. C'est pourquoi maintenant Jésus va se détourner d'eux (Marc 3:7) et choisir douze hommes qui formeront un groupe à part parmi ses disciples. La majorité des Juifs est incrédule comme l'a été Israël dans l'Ancien Testament. Et, puisque les Juifs le rejettent, Jésus crée un nouvel « Israël » en appelant ces disciples à le suivre (Marc 3:13-19). Remarquez la signification du chiffre 12. Il y a 12 disciples comme il y avait les 12 tribus (familles) d'Israël dans l'Ancien Testament.

LA PLUPART DES JUIFS	LES 12 DISCIPLES
Ils sont très religieux	Jésus choisit un nouvel Israël
Ils sont incrédules comme Israël dans l'Ancien Testament	Jésus choisit une nouvelle famille
Ils ne veulent pas de Jésus	Jésus choisit des disciples qui le suivent

À partir de ce point, Jésus se consacrera tout particulièrement à la formation de ces disciples. Il continuera à enseigner la foule. Mais il désire surtout enseigner les 12.

▣ Leçon principale

Jésus appelle 12 disciples. C'est **lui** qui choisit ceux qu'**il** veut, afin d'en faire la nouvelle famille de Dieu.

▣ Un travail à faire

Beaucoup pensent que c'est **nous** qui devons choisir Jésus. Et cela est aussi vrai. Mais dans la Bible c'est toujours Jésus qui nous choisit le premier ! (Jean 15:16) Dans Marc 3, les **foules** choisissent Jésus. Mais c'est toujours pour la mauvaise raison. Par conséquent, ils finissent par s'en éloigner assez rapidement. Mais les disciples que **Jésus** choisit, restent auprès de lui.

▣ Notes

• **Marc 3:12.** Jésus ne permet pas aux **mauvais esprits** de dire qui il est ! Même Jésus ne le fait pas. Jamais il ne **dira** qu'il est le Fils de Dieu. Parce qu'il veut que les gens le **voient** pour eux-mêmes.

• **Marc 3:14.** « il en établit douze ». Les 12 disciples (qui seront appelés « apôtres ») joueront un rôle important dans les plans de Jésus. Ils seront comme des pierres que Jésus prend pour en faire le fondement de l'église. Jésus leur communique des pouvoirs spéciaux (comme par exemple la capacité de chasser des démons). Lorsque nous parlons des apôtres nous devons faire attention. Nous ne devons pas penser que le chrétien aujourd'hui peut faire tout ce que faisaient les 12 à cette époque.

DES FOULES SUIVENT JÉSUS

📖 Marc 3:7-12

Est-ce que tu suis la foule ? Es-tu attiré par les orateurs populaires et par de grandes églises ? Il n'y a pas forcément de mal à cela. Mais suivre Jésus signifie **beaucoup plus** que suivre les foules.

Jésus a eu un très grand succès auprès des foules. On le suivait partout. Et ces foules attendaient beaucoup de lui. On venait à Jésus pour être guéri. Si, dans Marc 3:7, Jésus se détourne des Juifs qui le haïssent, des Juifs ordinaires continuent à se rendre en foule auprès de lui.

Jésus ne cherchait pas le succès. Il savait que la majorité des gens le suivait pour de mauvaises raisons et que bientôt ils s'éloigneraient de lui. Il savait que son enseignement ne serait pas toujours à leur goût. Ce sont ces mêmes foules qui finiront par demander qu'on le mette à mort sur la croix en criant : « Crucifiez-le ! ».

> ⯈ *Pourquoi suis-tu Jésus ? Est-ce pour la bonne raison ? Ou suis-tu la foule ? [Parlez de ce que signifie « le suivre pour la bonne raison ».]*

JÉSUS CHOISIT LES 12

📖 Marc 3:13-19

Jésus laisse les foules de côté et choisit 12 hommes à qui il se consacre plus particulièrement. Jésus sait que la foule va bientôt l'abandonner. Et il veut des hommes qui ne l'abandonneront pas. Il choisit les 12 aussi pour en faire des gens qui croient en lui vraiment. Il les enseignera et leur montrera ce que Dieu attend vraiment de son peuple. Il ne veut pas qu'ils ressemblent aux Juifs

avec leurs lois et leurs règles. Il leur donnera un nouveau cœur afin qu'ils aiment Dieu. *[Si nécessaire, expliquez la différence entre « l'ancien Israël » et « le nouvel Israël », si vous pensez que cela peut aider vos auditeurs à comprendre.]*

Ces 12 hommes deviendront les « apôtres », que Jésus enverra dans le monde pour faire son travail. Ils seront membres de la nouvelle famille de Dieu. Quel genre de personne Jésus choisira-t-il ?

Nous avons déjà rencontré quelques-unes des personnes que Jésus choisit. Ce ne sont pas des personnes religieuses. Ce ne sont pas des personnes spécialement intelligentes. Ce sont des gens ordinaires. Plusieurs d'entre eux sont des pêcheurs (Jacques, Jean, Simon, André). L'un d'eux est un collecteur d'impôts (Matthieu). Dans un premier temps, comme nous le verrons, ils échoueront souvent ! Ils auront besoin de Jésus pour les enseigner et les changer. Malgré ces choses, ce sont **ces** personnes que Jésus choisit. Et ce sont aussi ces personnes qui « **vinrent** auprès de lui » (Marc 3:13) en réponse à son appel.

> ⯈ *Aujourd'hui encore, Jésus appelle **ceux qu'il veut**. Et c'est nous qu'il choisit ! Non pas pour être des apôtres mais pour le suivre. Il choisit **toutes sortes** de personnes [Donnez-en quelques exemples]. Si tu sais que tu as été appelé, loue-le ! Parce que c'est lui qui t'a choisi ! Loue-le aussi si tu as entendu son appel et que tu as choisi de le **suivre** (Jean 10:27, 28).*

12 LA VRAIE FAMILLE DE JÉSUS

▣ Contexte

De nombreux Juifs haïssent Jésus. C'est pourquoi Jésus se détourne de « l'ancien Israël » et choisit des disciples qui seront son « nouvel Israël » *Marc 3:13-19*. Il y a désormais deux groupes. D'une part il y a ceux qui ne croient pas en Jésus. D'autre part il y a ceux qui le suivent.

Marc 3:20-35 nous montre qui sont les personnes qui appartiennent à la nouvelle famille de Jésus.

▢ Leçon principale

Certaines personnes haïssent Jésus et refusent de croire en lui. Les membres de la nouvelle famille de Jésus font ce qu'il leur demande.

⊠ Un travail à faire

Il n'y a pas de troisième groupe. Même dans nos églises, beaucoup veulent se situer entre ceux qui haïssent Jésus et ceux qui le suivent. Or, si on n'est pas « pour » Jésus, on est « contre » Jésus. Aidez vos auditeurs à comprendre cela. S'ils ne font pas ce que Jésus demande, ils ne peuvent pas faire partie de la famille de Jésus.

▣ Notes

- **Marc 3:23.** « Paraboles ». Ce sont des histoires ou des images qui ont une autre signification et qui enseignent une leçon. Voir par exemple Marc 4:1-20.

- **Marc 3:25.** « Maison ». En utilisant ce mot, Jésus parle des personnes qui habitent cette maison, de la famille qui s'y trouve.

- **Marc 3:28-30.** Beaucoup de personnes vivent dans la crainte d'avoir commis le péché qui ne sera pas pardonné. Mais Marc 3:28 est très clair. **Tous** les péchés peuvent être pardonnés. Peut-être nous est-il arrivé de prononcer des paroles contre Jésus. Dieu nous le pardonnera, si nous le lui demandons. Le péché (ou « blasphème ») contre le Saint Esprit est autre chose. Les personnes dont il est question dans Marc 3 **refusent de reconnaître** qui est Jésus. Jésus fait des choses merveilleuses et ils réagissent en disant qu'il a un démon ! Si le Saint Esprit nous montre clairement qui est **Jésus** et que nous persistons à le **haïr**, nous ne pourrons pas être pardonnés. À l'inverse, si tu aimes Jésus et désires qu'il te pardonne, cela signifie que tu n'as pas commis ce péché.

CEUX QUI HAÏSSENT JÉSUS

📖 *Marc 3:22-30*

Trouves-tu surprenant que tant de personnes haïssent Jésus ? Jésus ne fait que de bonnes choses. Pourquoi les gens ont-ils autant de haine à son égard ?

Les responsables Juifs dans Marc 3:22 sont des personnes importantes. On écoute ce qu'ils ont à dire. Et ce qu'ils disent à propos de Jésus est profondément injuste. Comprends-tu pourquoi ils ont autant de haine envers Jésus ?

Jésus leur montre que ce qu'ils disent n'a pas de sens (Marc 3:23-27).

Il est évident que Jésus ne travaille pas pour le diable ! S'il travaillait pour le diable, il ne chasserait pas des démons !

[⊕ Expliquez ceci clairement en vous servant de l'image qu'utilise Jésus lui-même dans ce texte.]

Jésus les prévient que ce qu'ils disent est très grave (Marc 3:28-30).

Ces religieux Juifs étaient convaincus qu'en mourant ils iraient au ciel. Ils pensaient même être les mieux placés pour y aller ! Mais personne ne peut être pardonné s'il a de la haine pour Jésus.

[Expliquez ce que signifie Jésus lorsqu'il parle du péché qui ne sera pas pardonné – voir les notes]

CEUX QUI AIMENT JÉSUS

📖 *Marc 3:20-21, 31-35*

Même au sein de sa propre famille tous ne l'aiment pas (Marc 3:20-21). Ils disent que Jésus est devenu fou. Ils veulent l'empêcher de continuer son travail. Ils n'apprécient pas qu'il consacre autant de temps et d'efforts à prendre soin des autres.

*⊗ As-tu le même souci des autres qu'avait Jésus ? Ou te contentes-tu d'une pratique religieuse **minime** ? Penses-tu que le fait de suivre Jésus ne doit pas prendre trop de place dans ta vie ? Réfléchis bien – peux-tu vraiment dire que tu aimes Jésus ?*

La vraie famille de Jésus fait ce que Jésus lui demande (Marc 3:31-35). Jésus n'accepte pas de se rendre tout de suite auprès de ses frères et de sa mère. Ceci est une réelle surprise pour ceux qui sont là. Mais Jésus explique que sa vraie famille, ce sont ceux qui se trouvent auprès de lui. Sa vraie famille, ce sont ceux qui écoutent ce qu'il dit. Ce sont ceux qui font la volonté de Dieu.

*⊗ Nous aussi nous pouvons être comme les frères et sœurs de Jésus. Ils veulent contrôler Jésus. Ils ne veulent pas se soumettre à sa parole. Mais le vrai chrétien est quelqu'un qui **obéit à l'enseignement de Jésus**. [Racontez l'histoire que raconte Jésus dans Matthieu 7:24-27.] Appartiens-tu à la vraie famille de Dieu ?*

13 ÉCOUTEZ !

Ceci est la première de deux prédications sur cette partie de l'évangile de Marc. Cette première prédication concerne la raison pour laquelle Jésus utilise les paraboles. La deuxième prédication parlera de la parabole du semeur elle-même.

◉ Contexte

Déjà le peuple est divisé à cause de Jésus et de son enseignement. Il y a deux groupes :

• des gens qui se détournent de Jésus

• des gens qui croient en Jésus

À partir de maintenant, Jésus passera la plus grande partie de son temps avec ce deuxième groupe. Il veut enseigner ses disciples et tous ceux qui voudront l'écouter.

L'enseignement de Jésus en paraboles sert aussi à diviser les foules en deux groupes.

📖 *Marc 4:1-20.*

◉ Leçon principale

« Que celui qui a des oreilles pour entendre, entende » (Marc 4:9).

(Quand vous enseignez la Bible, essayez d'identifier les versets comme Marc 4:9, qui sont comme des clés permettant d'« ouvrir » le texte et de le comprendre. Cette parabole concerne la manière d'écouter la Parole de Dieu. C'est pourquoi Jésus termine cette parabole en nous disant que nous aussi, nous devons faire attention à la manière d'écouter la Parole.)

⊞ Un travail à faire

Écoutez attentivement ce que dit Jésus en Marc 4:11, 12. (Vous trouverez une explication de ces paroles à la page suivante.) Ces paroles peuvent nous sembler très dures. Mais ce n'est pas une raison pour refuser d'écouter cet enseignement. Nous ne devons pas non plus changer les paroles de Jésus pour leur faire dire ce que nous avons envie d'entendre. Si Dieu nous a choisis pour être des enseignants, nous devons enseigner ce que la Bible dit (et non pas ce que nous avons envie qu'elle dise).

◉ Notes

• **Marc 4:2.** « Paraboles ». Ce sont des histoires qui contiennent des enseignements sur Dieu et sur le royaume de Dieu. Très souvent, si la vérité nous est enseignée trop directement, nous ne la recevons pas. Jésus enseigne donc en paraboles afin de nous faire réfléchir. Les paraboles peuvent aussi dévoiler notre péché. Et les paraboles de Jésus divisent clairement les hommes en deux groupes : ceux qui écoutent et ceux qui n'écoutent pas. Une parabole est comme une passoire ou comme un filtre. Elle sépare ce qui est bon de ce qui ne l'est pas.

À CEUX QUI SONT PRÊTS À ÉCOUTER

📖 *Marc 4:1-3, 9*

Ce jour-là, une grande foule était rassemblée pour écouter Jésus. Mais ils n'avaient pas tous les mêmes oreilles !

- Pour Jésus, quel genre d'oreilles devons-nous avoir ?

> ⏵ *Nous pouvons nous rendre à l'église avec la foule. Nous pouvons écouter la lecture de la Bible et la prédication. Nous pouvons même dire que nous avons bien aimé ce sermon.* ***Mais nous avons de bonnes oreilles seulement lorsque la Parole de Dieu a un réel impact sur nos vies et nous change vraiment.***

Les foules savent très bien que les différents types de terres dans cette histoire parlent de leurs propres réponses à la Parole de Dieu. Et dans Marc 4:9 Jésus leur pose donc la question : « Alors, qu'allez-vous en faire ? » L'histoire qu'il raconte les fait découvrir la vérité les concernant. Vont-ils y prêter attention ? Allons-**nous** y prêter attention ?

⊕ *[Ceci est très important. Essayez de trouver une image qui aide vos auditeurs à comprendre. Peut-être que celle-ci conviendra.]*
Tu regardes un match de foot. Ce match te plaît beaucoup. Tu cries ta joie lorsque ton équipe marque un but. Après le match, tu en parles à d'autres. Mais ce match ne change rien dans ta vie ! Tu vas à l'église. La réunion te plaît beaucoup. Tu chantes des cantiques. Il t'arrive même de parler de l'église à d'autres. **Mais est-ce que cela te change ?** Ou est-ce comme pour ce match de foot ?

À CEUX QUI NE SONT PAS PRÊTS À ÉCOUTER

📖 *Marc 4:10-12*

Remarquons ce qui se passe à la fin de l'histoire. L'histoire de Jésus fait réfléchir. Les auditeurs savent que c'est d'eux que Jésus parle. Malgré cela, seulement quelques personnes restent pour demander à Jésus la signification de cette histoire.

Et Jésus leur expliquera le sens de cette histoire un peu plus tard. Mais d'abord il explique pourquoi il enseigne en **paraboles**. C'est pour savoir qui sont les personnes qui veulent vraiment connaître la vérité (Marc 4:11, 12).

Ce que dit Jésus ici peut nous surprendre. Jésus parle en paraboles **afin que certaines personnes restent dehors** ! Jésus sait que son histoire risque d'éloigner certaines personnes. Mais cela ne le dérange pas du tout ! En fait, Jésus veut s'assurer que ce soit le cas ! Il ne veut pas qu'on le suive pour de mauvaises raisons. Ce que Jésus nous dit ici est qu'il enseigne en paraboles afin de nous **juger**. Et il y a là une leçon pour nous tous. Laquelle ?

Jésus ne juge **pas** des gens qui ne le connaissent pas. Toutes ces personnes sont des **Juifs**. Et, en tant que Juifs, ils auraient dû recevoir Jésus comme leur Messie. Mais leurs cœurs sont endurcis. Ils refusent d'écouter Jésus. Alors Jésus les **juge**.

Il ne les enseigne pas de façon claire et directe. Mais il leur parle avec des paraboles, qu'ils auront du mal à comprendre. Tout comme le prophète Esaïe l'avait annoncé (Marc 4:12).

> ⏵ *Il y a deux manières d'entendre les paroles de Jésus : soit elles nous changent, soit elles nous jugent. Qu'en est-il pour toi ?*

14 LA PARABOLE DU SEMEUR

▣ Contexte

Les paraboles de Jésus divisent la foule en deux groupes. Jésus est heureux de laisser partir la majorité des gens après leur avoir raconté son histoire. Un petit groupe seulement reste pour connaître la signification de la parabole.

📖 Marc 4:10

N'oubliez pas que la priorité de Jésus est d'enseigner *ses disciples*. Il leur apprend à semer. Il y a dans cette parabole des leçons qui s'adressent aux **terres** et des leçons qui s'adressent aux **semeurs**.

▣ Leçon principale

La Parole de Dieu ne sauve que quelques-uns de ceux qui l'entendent. Mais ces personnes porteront beaucoup de fruits.

▣ Un travail à faire

Nous aimons penser que nous sommes la « bonne terre ». Tout le monde veut penser cela. Mais nous avons la responsabilité d'aider nos auditeurs à comprendre que ce qui compte c'est le **fruit**. Nous pouvons aimer écouter ce que Dieu veut nous dire, mais cela n'apporte rien au « fermier », à celui qui cultive le sol. Ce qui compte pour lui c'est le fruit qu'il récoltera au moment de la moisson.

Quel est ce fruit ? Quels changements Dieu veut-il voir dans nos vies ? Qu'est-ce qui lui montre que la parole nous a changés ? Qu'est-ce qui lui plaît ?

▣ Notes

• **Marc 4:3**. « Semeur » (fermier). Ce fermier sème sa semence dans ses champs. Tout en marchant, il éparpille la semence en la jetant avec sa main.

UNE PAROLE POUR LES TERRES

📖 *Marc 4:14-20*

⊕ Imaginez quatre types de personnes qui correspondent aux quatre types de terre. Parlez de ce qui se passe lorsque ces différentes personnes entendent la Parole de Dieu. Aidez vos auditeurs à s'identifier à ces différents types de terre. Après la prédication, ils pourront peut-être se mettre en petits groupes pour réfléchir aux différents types de terre.

- **Le long du chemin (Marc 4:4, 15).** Le diable est comparé à un oiseau qui cherche des graines à manger. Et il ne veut absolument pas voir la Parole de Dieu porter ses fruits dans nos vies. Il fait en sorte que nous oublions rapidement ce que nous avons entendu.

- **Les endroits pierreux (Marc 4:5-6, 16-17).** Ce sont des personnes qui aiment écouter la Parole. Elles lèvent la main pour dire qu'elles acceptent Jésus comme leur Sauveur et qu'elles veulent le suivre. Mais que se passe-t-il quand ces personnes connaissent des difficultés ? Pourquoi ?

- **Les épines (les mauvaises herbes) (Marc 4:7, 18-19).** Ces personnes commencent à grandir dans la foi. La Parole de Dieu les change peu à peu. Mais elles sont trop attirées par les choses de cette vie. Elles n'enlèvent pas les « mauvaises herbes » (les épines) de leurs vies. Quelles sont ces mauvaises herbes (épines) ?

- **La bonne terre (Marc 4:8, 20).** Cette parabole vous fait-elle dire : « Seigneur, fais que je sois comme cela » ? Et encore : « Je veux porter beaucoup de fruit pour Dieu. Je veux vivre pour sa gloire. Je veux que ma vie aide d'autres à connaître le Christ. » ?

⯈ *Nous entendons tous la bonne Parole ! Mais cette « semence » transforme-t-elle ta vie ? Te permet-elle de renoncer au péché et de te confier en Dieu ? T'aide-t-elle à l'aimer, à lui obéir ? La seule terre qui plaît à Dieu est celle qui lui donne une bonne* **récolte** *(du fruit).*

UNE PAROLE POUR LES SEMEURS

📖 *Marc 4:11*

Jésus a raconté cette histoire pour ses **disciples.** Car il voulait qu'ils apprennent que le peuple de Dieu doit semer sa Parole. Lorsque Dieu nous apprend ces choses nous devons les dire à d'autres ! Nous devons des semeurs. Et en tant que semeurs nous devons savoir deux choses :

1. Seuls quelques-uns seront sauvés. À la fin de l'histoire, seule la bonne terre fournit une récolte au fermier. Beaucoup entendront la Parole. À certains moments beaucoup se diront chrétiens. Mais nous sommes attristés lorsque nous constatons que très peu grandissent pour devenir comme Jésus. Car seuls quelques-uns seront sauvés. Et Jésus nous apprend à **nous attendre** à ce résultat, à ne pas être surpris si peu de gens sont sauvés.

2. La moisson sera abondante (Marc 4:20). En même temps, nous ne devons pas être trop tristes ! Seule la bonne terre a donné une récolte. Mais cette terre a donné une **grande** récolte ! Cela signifie que même si seulement une personne devenait un vrai chrétien, sa vie porterait beaucoup de fruit. Semer la Parole de Dieu n'est pas facile. On a de grandes déceptions. Mais on ne doit pas se décourager. Car, à la fin, **il y aura** une grande moisson.

📖 *Galates 6:9*

15 FAIRE CONNAÎTRE À D'AUTRES LA VÉRITÉ DE DIEU

◉ Contexte

Jésus vient de raconter la parabole du semeur. C'est une parabole qui parle de l'enseignement de Jésus. Les autres paraboles dans Marc 4 font suite à cette parabole du semeur. Il y a encore deux paraboles de semence (Marc 4:26-32). Comme la parabole du semeur, elles parlent de la manière dont nous entendons les paroles de Jésus.

Deux autres paraboles dans Marc 4:21-25 parlent aussi de la manière dont nous entendons les paroles de Jésus. Si nous sommes « la bonne terre », que ferons-nous ensuite des paroles de Jésus ? Nous devons faire connaître la Parole de Dieu à d'autres.

◉ Leçon principale

Nous devons faire connaître la Parole de Dieu à d'autres.

⊕ Un travail à faire

Il est difficile de déterminer **exactement** ce que signifie Jésus dans ces deux paraboles. Lisez Marc 4:1-34 autant de fois que possible en demandant à Dieu de vous aider à comprendre. Quelle relation voyez-vous entre les paraboles de Marc 4:21-25 et le reste du chapitre ? Quelle est leur place dans le contexte de l'enseignement de Jésus dans ces versets ?

En prêchant votre sermon, faites attention de faire ressortir votre ◉ **Leçon principale** le plus clairement possible. Ce message est extrêmement important. Nous devons

éviter de rendre nos auditeurs confus !

◉ Notes

- **Marc 4:22**. Si nous cachons quelque chose, ce n'est pas pour que la chose reste cachée pour toujours. Nous cachons des choses afin de les garder en lieu sûr pour les ressortir lorsque cela sera possible plus tard. Puis nous faisons découvrir à d'autres la chose que nous avons cachée ! Pendant longtemps Dieu a « caché » la bonne nouvelle de Jésus. Dans l'Ancien Testament, il a fourni quelques indications la concernant mais sans la dévoiler complètement. Mais maintenant le temps est venu de dévoiler cette bonne nouvelle afin que tout le monde l'entende !

- **Marc 4:24**. « De la même mesure dont vous aurez mesuré, il vous sera mesuré, et il vous sera ajouté davantage » (Parole Vivante). Une traduction anglaise dit ceci : « Les mêmes lois que vous évoquez pour juger les autres seront utilisées par Dieu pour vous juger. ». La première traduction est la meilleure. Le mot qu'utilise Jésus signifie « mesure » (comme une « cuillerée » ou le contenu d'une cruche). À mon avis, Jésus parle ici de notre générosité en faisant part à d'autres de ses paroles. Pour faire connaître ses paroles à d'autres, nous servons-nous d'une petite cuillère ou d'un grand seau ? Dieu veut que nous soyons généreux avec ses paroles. Et il promet d'être généreux envers nous.

SOYONS DES LAMPES !

📖 *Marc 4:21-23*

⊕ Racontez une histoire ou faites-la jouer comme une pièce de théâtre.
Il fait noir. Mais il y a un homme qui a une lampe ou une torche. Et il ne veut pas que d'autres bénéficient de sa lumière. Il veut garder cette lumière pour lui-même. Il cache sa lumière sous une couverture ou sous un tapis ! Par conséquent, ni lui ni d'autres ne peuvent bénéficier de cette lumière. Qu'est-ce que c'est ridicule !

Jésus est la Lumière du Monde. Et il est venu éclairer nos ténèbres. Sans Jésus, nous serions tous plongés dans le noir. Jésus a-t-il gardé la vérité pour lui-même ? Bien sûr que non ! La lumière est faite pour briller. La vérité doit se faire connaître. Il faut que la Parole de Dieu soit connue. C'est pourquoi Jésus enseigne la vérité de Dieu.

As-tu reçu la lumière de Jésus ? Imagine un chrétien qui ne veut pas faire part à d'autres de sa lumière. Peut-être a-t-il peur de ce que d'autres penseront de lui. Alors il fait tout ce qu'il peut pour ne pas laisser voir sa lumière. Comment s'y prend-il ? **Et toi**, par moment, comment t'y prends-tu ?

> ⏵ *Pour Jésus, Jean-Baptiste était « une lampe qui brûle et qui brille ». Peut-on dire la même chose de ta vie ? T'engageras-tu à prier afin que ce soit le cas ? À qui veux-tu faire connaître la vérité de Dieu cette semaine ?*

SOYONS DES SEAUX !

📖 *Marc 4:24-25*

Imaginons un homme ou une femme très riche qui possède un grand lac d'eau pure. Personne d'autre n'a d'eau car il ne pleut plus depuis longtemps. Tous se rendent auprès de cet homme et lui réclament de l'eau. Quelle mesure d'eau recevront-ils ? Leur donnera-t-il de l'eau dans une tasse ? Ou donnera-t-il à chacun un grand seau rempli d'eau ?

> ⏵ *Jésus dit : « Soyez généreux ! Donnez richement ! » Ces paraboles concernent la manière dont nous entendons la Parole de Dieu. Et lorsque nous entendons la Parole de Dieu nous devons en faire part à d'autres ! Nous ressemblons à cette personne qui possède un grand lac d'eau pure. Tout le monde a soif. Le monde a besoin de connaître la vérité de Dieu. Vas-tu garder ce que tu as reçu pour toi ? Vas-tu leur donner un tout petit peu d'eau dans une tasse ? Ou seras-tu comme un grand seau d'eau ? Feras-tu connaître la Parole de Dieu aux autres de façon généreuse ?*

Qu'arrive-t-il ensuite ? 📖 Marc 4:25. Plus nous acceptons de recevoir de Dieu, plus nous recevrons encore. Si nous mettons en pratique la Parole, nous devenons forts. Si nous donnons richement à d'autres, nous devenons riches (spirituellement). Pense à des chrétiens que tu connais. Les paroles de Jésus sont tellement vraies ! Et qu'arrive-t-il à ceux qui entendent la Parole de Dieu mais qui n'en font rien ? Ils s'éloignent de Dieu. Et pour finir ils perdent tout.

16 ÇA POUSSE !

◉ Contexte

Jésus raconte encore deux paraboles qui parlent de semences. N'oubliez pas que le but de Jésus est d'enseigner ses **disciples**. Jésus veut leur apprendre à enseigner comme lui. Il veut leur apprendre comment la semence de la Parole de Dieu prend racine dans nos vies et porte des fruits. Jésus ne veut pas voir ses disciples se décourager lorsque rien ne semble se passer. C'est pourquoi il raconte ces deux histoires pour les aider à comprendre.

📖 **Marc 4:26-34**

◉ Leçon principale

Ayons confiance en Dieu qui fait croître sa Parole.

✦ Un travail à faire

Nous devons faire en sorte que les paraboles parlent à nos auditeurs aujourd'hui. Racontez donc d'autres histoires qui ressemblent aux paraboles de Jésus. Racontez des histoires en rapport avec la vraie vie de vos auditeurs. Par exemple, vos auditeurs se souviennent-ils de la fois où de retour d'un long voyage (ou au bout d'une longue période de temps) ils ont trouvé que quelque chose (ou quelqu'un !) avait grandi ? Vos auditeurs connaissent-ils une semence aussi petite que la graine de moutarde qui peut devenir un arbre ? Ou peut-être connaissent-ils d'autres petites choses qui peuvent devenir grandes ? Servez-vous de ces choses *qu'ils connaissent* pour parler de ce texte.

◉ Notes

- **Marc 4:26, 30.** « Le royaume de Dieu c'est comme… ». En disant cela, Jésus veut dire : « laissez-moi vous raconter quelque chose qui vous aidera à comprendre le royaume de Dieu ». Jésus commence souvent ses paraboles de cette manière. Ses paraboles nous montrent à quel point le royaume de Dieu est différent de notre monde matériel. Le « royaume de Dieu » se trouve *là où Dieu règne*. Nous appartenons au royaume de Dieu si Jésus est notre Roi.

- **Marc 4:26-29.** Jésus ne signifie pas qu'un fermier n'a **rien** d'autre à faire après avoir semé sa semence. Jésus ne dit pas non plus qu'un chrétien n'a plus **rien** à faire après avoir enseigné la Parole. Nous devons prier. Nous devons aussi continuer à enseigner la Parole de Dieu. Mais la leçon est claire : **nous** ne pouvons rien faire pour faire croître la semence.

ÇA POUSSE TOUT SEUL !

📖 *Marc 4:26-29*

J'ai entendu parler de gens qui parlent à leurs plantes pour les faire grandir ! C'est plutôt ridicule bien sûr !

⊕ Essayons d'imaginer un fermier qui ne peut pas dormir parce qu'il s'inquiète pour ses semences. Il fait froid. Le soleil ne brille pas beaucoup. Le fermier va donc descendre de son lit pour faire croître ses plantes… C'est ridicule ! Le fermier ne peut rien faire d'autre qu'attendre. La semence portera ses fruits sans aucune aide de sa part. Dieu enverra le soleil et la pluie et c'est ainsi que la plante pourra croître.

Louons Dieu pour un tel miracle ! Chaque année, de toutes petites semences se transforment en produits que nous pouvons manger. Lorsque nous regardons des graines de semences, nous avons parfois l'impression qu'elles sont trop petites pour faire quoi que ce soit ! Mais cette semence contient la vie. En elle se trouve tout ce qui est nécessaire pour lui permettre de grandir et devenir une plante.

Jésus nous dit qu'avec **ses paroles** c'est la même chose. Elles semblent insignifiantes. Elles nous paraissent peu importantes. Nous ne voyons pas comment de petites paroles peuvent être aussi puissantes. **Mais elles contiennent la vie.** Les paroles de Dieu prennent racine et grandissent en nous. Elles produisent des fruits.

⏩ *Ayons confiance en Dieu qui fait croître sa Parole. Quand nous enseignons la Parole de Dieu, ne nous inquiétons pas de savoir ce que deviendra la semence. Elle poussera toute seule. Et ce n'est pas nous, mais Dieu qui la fera croître. Notre responsabilité est de semer la Parole. Puis, un jour, nous verrons que la semence est devenue une plante.*
Voir Esaïe 55:10, 11.

ÇA POUSSE BEAUCOUP !

📖 *Marc 4:30-32*

[Racontez l'histoire. Une si petite chose peut devenir quelque chose de grand ! C'est vraiment étonnant ! Une petite semence que les oiseaux peuvent manger devient un arbre où les oiseaux feront leurs nids !]

C'est pareil pour les paroles de Dieu. Il peut arriver par exemple que nous parlions de Jésus et de la croix. Mais nos auditeurs ne manifestent aucun intérêt pour ce que nous leur disons. Nous rentrons chez nous, découragés et tristes. Nous pensons que cela ne vaut pas la peine de continuer. La semence nous paraît si petite. Elle ne pourra jamais changer personne ! Mais ce n'est pas tout à fait exact. Une personne au moins nous a entendus. La semence prend racine dans sa vie. Tous ses péchés sont pardonnés. Sa vie est complètement changée. Il raconte à beaucoup de personnes ce que Jésus a fait dans sa vie. Il a reçu de Dieu la vie éternelle. Et la Parole de Dieu commence à devenir un très grand arbre !

⏩ *Ayons confiance en Dieu qui fait croître sa Parole. Ne disons pas que la Parole n'a rien accompli tout simplement parce que cela **semble** être le cas. Il est possible que nous ne voyions pas grand-chose se passer. Mais n'oublions pas que de toutes petites choses peuvent devenir très grandes.*

⏩ *Ayons confiance en Dieu qui fait croître sa Parole. N'imaginons pas que nous devons **changer** la semence parce qu'elle nous paraît trop petite ! N'essayons pas de tirer dessus pour qu'elle paraisse plus grande aux yeux des gens. Ayons confiance dans ce message qui nous parle de Dieu, du péché, de Jésus et de sa croix.*

17 QUI EST CELUI-CI ?

◘ Contexte

Jusqu'ici dans Marc...

- Jésus est venu prêcher la bonne nouvelle du royaume de Dieu.

- Jésus a démontré son pouvoir (autorité) sur les hommes, sur la maladie et sur le péché.

- Beaucoup de Juifs haïssent Jésus et cherchent à le faire mourir.

- Jésus s'est détourné d'eux et a choisi des disciples pour être le « nouvel Israël ».

- Jésus enseigne ses disciples en paraboles pour les aider à comprendre le royaume de Dieu.

Mais, **malgré toutes ces choses**, les disciples ne comprennent toujours pas qui est Jésus vraiment...

C'est la grande question qui se pose tout au long de Marc 1-8. Marc veut que nous répondions à leur question : « **Qui est celui-ci ?** »

◘ Leçon principale

Le vent et la mer obéissent à Jésus. Nous devons mettre notre foi en lui.

✦ Un travail à faire

La peur ou la foi ? Il y a des gens qui pensent qu'ils n'ont pas besoin de croire en Jésus ni même de le craindre. Essayez de montrer clairement la nécessité pour les hommes de prendre Jésus très au sérieux. Car son pouvoir est immense. Si nous ne nous confions pas en lui pour nous sauver, nous devrons plutôt avoir peur de ce qui nous arrivera plus tard.

◘ Notes

- **Marc 4:39.** Normalement il faut attendre plusieurs heures avant que la mer ne se calme après une tempête. Ce miracle montre le pouvoir (autorité) immense de Jésus.

QUI EST CELUI-CI ?

📖 *Marc 4:35-41*

À prime abord, Jésus ne semble pas s'en faire. Il dort. Le bateau coule et Jésus dort ! Il est leur Maître, celui qui les enseigne. Mais, dans la tempête, il ne fait strictement rien pour aider ses disciples !

> ›› *Connais-tu des moments comme cela? Tu es dans la détresse mais Jésus n'a rien fait pour t'aider. Il t'a laissé t'enfoncer. Tu sais qu'il a le pouvoir de faire quelque chose. Mais Jésus semble dormir ! Tu as l'impression qu'il ne se soucie pas de toi.* **Il ne faut jamais penser cela !** *(Esaïe 43:1-3).*

Puis, **Jésus leur montre qui il est.**

⊕ Imagine que tu es dans un bateau. Puis vient la tempête. Tu dis à tes compagnons : « Ne vous inquiétez pas ! J'arrêterai la tempête ! ». Puis tu t'adresses au vent: "Arrête-toi ! ". Tu parles à la mer : « Calme-toi ! ». Que se passera-t-il ensuite ? Rien bien sûr ! Sinon que tes amis te prendront pour un fou. Et ils auront raison !

• Alors comment se fait-il que Jésus puisse s'adresser au vent et à la mer ? Pourquoi le vent et la mer obéissent-ils tout de suite à sa parole ? Qui est celui-ci ? Qui est capable de faire un tel miracle ?

[« Qui est celui-ci ? » En prêchant sur ce texte, vous pouvez choisir de ne pas répondre vous-même à cette question. C'est aussi bien de laisser vos auditeurs y répondre pour eux-mêmes. Les disciples, eux, ne connaissent pas encore la réponse à cette question. Nous, nous savons que seul le Dieu qui a créé la mer peut faire une chose pareille. Mais les disciples ne voient pas encore que Jésus est Dieu.

LA PEUR OU LA FOI ?

📖 *Marc 4:40*

Avant que Jésus n'intervienne, les disciples avaient peur. Maintenant ils ont peur parce que Jésus calme la mer ! Il n'y a plus de vent, plus de vagues. Jésus les a sauvés. Et leur peur est encore plus grande qu'avant !

Le pouvoir de Jésus leur fait peur, parce qu'ils ne savent pas **qui il est.**

Ils auraient dû comprendre que Jésus est leur **Dieu** et leur **Sauveur** ! Il les a sauvés de la tempête. Ils n'ont plus rien à craindre !

> ›› *Jésus est* **Dieu***. Son pouvoir sur nos vies est total. Il peut faire de nous ce qu'il veut. Un jour il sera notre juge. As-tu peur de Jésus ?*

> ›› *Jésus est* **Sauveur***. Si tu mets ta confiance en lui, tu n'as pas à avoir peur de son pouvoir. Jésus est venu pour nous sauver de nos péchés.*

📖 *Jean 3:16-18, 31*

> ›› *Quand nous mettons notre foi en lui, Jésus agit* **pour** *nous et non pas contre nous. Peu importe la tempête, car Jésus sera toujours là pour prendre soin de nous.*

18 JÉSUS A LE POUVOIR DE CHASSER LES DÉMONS

⊡ Contexte

La grande question de Marc 1-8 est : « Qui est Jésus ? » Nous arrivons dans Marc 5 sachant que Jésus a le pouvoir de :

- guérir les malades (même ceux qui ont la lèpre) et chasser les démons.
- pardonner les péchés.
- enseigner avec la puissance de Dieu et appeler des disciples à le suivre.
- dire à la mer de lui obéir.

Malgré ces choses, les disciples continuent à se poser la question : « Qui est celui-ci ? » (Marc 4:41). Ils n'arrivent toujours pas à voir que Jésus est le Fils de Dieu et qu'ils peuvent se confier en lui. Dans Marc 5, Jésus va de nouveau leur montrer qui il est. Le peuple croira-t-il ? Ou les gens auront-ils peur en voyant sa puissance ?

📖 *Marc 5:1-43*

⊡ Leçon principale

Jésus a le pouvoir de chasser les démons. Nous devons mettre notre foi en lui. Et nous devons dire à tout le monde tout ce que Jésus a fait dans nos vies !

⊞ Un travail à faire

Si vous relisez nos notes sur Marc 4:35-41 vous verrez que les titres pour les deux parties de la prédication sont les mêmes qu'ici ! Les récits sont différents mais ils enseignent les mêmes vérités essentielles sur Jésus. Demandez à Dieu d'aider vos auditeurs à bien comprendre ces leçons importantes. Ils ont besoin de voir qui est Jésus et de se confier pleinement en lui.

⊡ Notes

- **Marc 5:1.** Cherchez ces lieux sur une carte biblique, si vous en avez une. De ce côté du lac habitaient surtout des « Gentils » (des non-Juifs).

- **Marc 5:13.** Ne soyez pas tristes pour les cochons ! Nous savons que Jésus n'est pas cruel. Nous savons qu'il est juste. Ce qu'il faut surtout voir est le mal qu'infligeaient ces démons à l'**homme**. Jésus le délivre de ces démons qui voulaient l'emmener en enfer.

- **Marc 5:20.** « La Décapole » est une région où se trouvaient dix villes (le mot « Décapole » signifie « dix villes »). Remarquez que cet homme parle de ce qui lui est arrivé à beaucoup de personnes. Bien plus que ce que Jésus lui avait dit !

QUI EST CELUI-CI ?

📖 *Marc 5:1-13*

[Servez-vous du récit de Marc 5:1-20 pour décrire cet homme. Parlez de sa force incroyable, des nombreux démons qui l'habitent, de sa grande détresse. Tout le monde le craint.]

• Alors, que fait Jésus en voyant cet homme effroyable se diriger vers lui ?
D'autres se seraient sauvés. Pourquoi Jésus ne part-il pas en courant ?
Qui a peur dans Marc 5:6-10 ?

Cet homme a peur de Jésus parce qu'**il sait qui il est** (Marc 5:7). Les disciples ne voient toujours pas qui est Jésus mais les esprits qui habitent cet homme le savent très bien ! (Jacques 2:19) Même si cet homme est rempli de crainte, il ne peut s'empêcher de se prosterner devant Jésus, le Fils de Dieu. Les esprits qui l'habitent savent que Jésus a le pouvoir nécessaire de faire d'eux ce qu'il veut. Il ne leur reste plus qu'à demander sa miséricorde.

⟫ *Si nous connaissons le Fils de Dieu, nous ne devrons **jamais avoir peur des mauvais esprits !** Les mauvais esprits ont peur de Jésus, parce Jésus est plus fort qu'eux.*

⟫ *As-tu encore peur des mauvais esprits ? N'oublie pas que Jésus les jugera. Mets ta confiance en Jésus, le Fils de Dieu, et n'aie pas peur.*

LA PEUR OU LA FOI ?

📖 *Marc 5:14-20*

C'est tout de même étrange ! 📖 *Marc 5:15, 17.* Cet homme est en paix mais maintenant ce sont les autres qui ont peur ! Jésus les délivre de la crainte de cet homme mais ces mêmes personnes demandent qu'il s'en aille !

Qu'est-ce qui explique ces choses ? C'est qu'ils ont peur du pouvoir de Jésus. Ils ont peur de ce qu'il pourrait leur faire.

⟫ *As-tu peur de ce que Jésus pourrait te faire ? As-tu peur de suivre Jésus parce que tu sais qu'il a autorité sur ta vie ? Peut-être ne veux-tu pas qu'il ait autorité sur ta vie ? Réfléchis bien. Jésus est le seul Sauveur. C'est donc une très mauvaise chose de lui demander de s'en aller !*

Maintenant cet homme est complètement transformé ! 📖 *Marc 5:18-20.*

Voyant que Jésus l'a délivré du mal, il peut mettre sa confiance en lui. Désormais, cet homme veut être avec Jésus.

Mais remarquons que Jésus lui confie une mission. Et cet homme ne parlera pas seulement aux membres de sa **famille**. Il racontera à tout le monde les **choses merveilleuses** que Jésus a faites pour lui.

⟫ *Jésus a-t-il fait pour toi des choses merveilleuses ? À combien de personnes le diras-tu ?*

19 CONCERNANT LA FOI

▣ Contexte

Jusqu'ici dans Marc peu de personnes manifestent leur foi en Jésus. Jésus doit même demander à ses disciples pourquoi ils ne lui font pas confiance. 📖 *Marc 4:40.*

Mais ici Marc nous parle de deux personnes qui viennent à Jésus parce qu'elles ont la foi. Elles ont confiance en Jésus et savent qu'il **veut** (à cause de son amour) et **peut** (à cause de sa puissance) les aider. 📖 *Marc 5:21-43.* Il est intéressant de voir la manière dont Marc raconte ces deux histoires l'une *dans* l'autre. Il le fait parce qu'elles enseignent toutes les deux la même leçon.

Nous avons choisi de proposer non pas une mais deux prédications sur ces deux histoires. Parce qu'il y a beaucoup de choses à en tirer pour nos vies.

▣ Leçon principale

Ayons foi en Jésus, tout comme Jaïrus et tout comme cette femme.

✦ Un travail à faire

Ces histoires nous parlent de la foi en Jésus. Ces personnes croient que Jésus peut les aider. Nous aussi, nous avons besoin de Jésus. Nous avons surtout besoin de Jésus pour nous sauver du péché. Ces histoires nous aident à comprendre comment nous pouvons nous confier en Jésus afin qu'il nous sauve du péché. Priez que vos auditeurs comprennent que leur plus grand besoin est celui d'être sauvé du péché. Aidez-les à voir aussi qu'ils peuvent se confier en Jésus sans crainte.

▣ Notes

- **Marc 5:22.** Jaïrus est un homme important parmi les Juifs. Il enseigne à la synagogue de la ville. Remarquez qu'il est très différent des autres religieux que nous avons rencontrés jusqu'ici.

- **Marc 5:25.** D'après les lois de l'Ancien Testament, cette perte de sang rend la femme « **impure** ». Ceci veut dire qu'elle ne peut pas s'approcher de Dieu avec d'autres pour le culte. De ce fait, elle se sent coupée des autres. Elle a peur de ce que les autres peuvent penser d'elle.

LA FOI EN JÉSUS S'EXPRIME DANS L'HUMILITÉ

📖 *Marc 5:22*

Jaïrus est un homme très important. Mais il sait que Jésus est quelqu'un de beaucoup plus important que lui ! C'est pourquoi il se jette à ses pieds.

> 📖 *Nous manifestons notre foi en Jésus en nous montrant humbles devant lui. Nous ne pensons pas mériter son attention parce que nous pensons être bons. Nous reconnaissons que c'est plutôt Jésus qui est bon. Nous venons à Jésus en lui demandant de nous faire grâce et en lui disant notre reconnaissance et notre louange.*

LA FOI EN JÉSUS EST SUSCITÉE PAR UN GRAND BESOIN

📖 *Marc 5:23, 25-26*

Ces personnes se confient en Jésus parce qu'elles ont besoin de lui ! *(Décrivez le grand besoin de chacune de ces personnes. Montrez qu'il ne s'agit pas de petites choses. Pour chacune d'elles il s'agit de la chose la plus importante dans leur vie.*)

> 📖 *Nous pouvons demander l'aide de Jésus pour les petites choses de la vie. Mais Jésus est venu pour répondre à notre **plus grand besoin**. Le péché en nous nous tue à petit feu. Nous risquons de nous retrouver un jour en enfer. Présente-toi devant Jésus et remets-lui ton plus grand besoin. Demande à Jésus de te sauver.*

LA FOI EN JÉSUS EST EN JÉSUS SEUL

Ces deux personnes savent qu'en dehors de Jésus, rien ni personne ne peut les sauver. Cette femme a déjà consulté de nombreux médecins. Jaïrus est conscient que sa fille est près de mourir. Jésus est leur seul espoir.

> 📖 *Et toi ? Jésus est-il **ton** seul espoir ? Jésus est la seule personne au monde qui a la capacité de te laver de ton péché. Jésus seul peut te sauver de la mort et de l'enfer. Ne te confie en rien ni en personne d'autre. Va à Jésus seul.*

LA FOI EN JÉSUS ENLÈVE LA HONTE

Relisez Marc 5:21, 22 et imaginez la scène. Soudain un homme surgit de la foule. Il ne fait attention à rien, peu importe ce que les gens pensent de lui. Il a besoin de Jésus. Et il en a besoin tout de suite !

Faites le même exercice avec Marc 5:33. D'abord cette femme a peur. Elle connaît bien les réactions parfois cruelles que pouvait rencontrer une femme « impure ». Mais maintenant elle a confiance en Jésus. Elle n'a pas honte de proclamer publiquement ce que Jésus a fait dans sa vie.

> 📖 *Si ta foi en Jésus est réelle, tu n'auras pas à avoir honte. Il se peut que tu ressembles à cette femme. Tu veux rester dans l'ombre. Tu veux t'approcher de Jésus mais en espérant que personne ne te voit. Mais Jésus ne veut pas que nous ayons honte de lui.*

20 | CONCERNANT LA FOI (2)

⊡ Contexte

Voir le CONTEXTE de la leçon précédente.

Rappelez-vous de la manière dont Marc révèle progressivement le pouvoir (autorité) de Jésus. Il exerce son pouvoir sur la maladie, sur les mauvais esprits, sur le péché, sur la mer, sur tout !

Remarquez comment Jésus manifeste son pouvoir (autorité) dans Marc 5. Remarquez son calme. Remarquez la manière dont il s'arrête pour s'entretenir avec cette femme, bien qu'il soit en route pour s'occuper d'une petite fille mourante. Remarquez aussi qu'il suffit à cette femme de toucher la frange de son vêtement pour que Jésus la guérisse. Remarquez comment Jésus s'adresse à la fille de Jaïrus bien qu'elle soit morte. Remarquez qu'il la guérit entièrement.

⊡ Leçon principale

Ayons foi en Jésus, tout comme Jaïrus et tout comme cette femme.

⊞ Un travail à faire

Dans cette leçon nous vous proposons quelques leçons concernant la foi. Toutes ces leçons sont tirées de l'histoire de Jaïrus. Enseignez ces leçons en essayant de faire vivre l'histoire. Aidez vos auditeurs à se mettre à la place de Jaïrus et à ressentir ce qu'il ressent.

⊡ Notes

• **Marc 5:39.** Jésus dit que la petite fille « dort ». Mais tout le monde sait qu'elle est morte. Et bien sûr, Jésus aussi sait qu'elle est morte. S'il parle de cette manière c'est pour indiquer que pour lui ce n'est pas un problème. Le pouvoir de Jésus est tel qu'il est capable de « réveiller » une personne morte.

📖 *Jean 11:11-14*

• **Marc 5:43.** Il arrivait souvent à Jésus de demander qu'on n'ébruite pas ses miracles (qu'on n'en parle pas à d'autres). Il ne voulait pas que les foules viennent à lui juste à cause de ses miracles. Il voulait que par les miracles, elles puissent **découvrir qui il est**. Ceci est important pour nous aujourd'hui. Les gens ont beaucoup moins besoin d'être guéris par Jésus que de **le connaître, lui**. Ils ont besoin de se confier en Jésus, le Fils de Dieu, le seul Sauveur.

LA FOI EN JÉSUS NOUS AIDE À ATTENDRE

Encouragez vos auditeurs à se mettre à la place de Jaïrus. Sa fille est mourante. Jésus est en route mais il met du temps à venir. Puis il s'arrête pour s'entretenir avec une femme. Ce n'est pas possible ! Puis on lui annonce la mauvaise nouvelle : « ta fille est morte ».

Jaïrus se trouve obligé d'attendre. Comment cela l'aide-t-il ? Attendre **semble** être une mauvaise chose. Mais en réalité ce n'est pas le cas. Par cette attente, la foi de Jaïrus devient plus forte.

>> *Personne n'aime attendre. Mais Jésus veut que nous lui fassions confiance. Parfois il peut te sembler qu'il prend son temps pour te venir en aide – mais tu dois avoir confiance en lui. Ta situation peut même empirer mais tu dois faire confiance à Jésus.*

LA FOI EN JÉSUS EST PLUS FORTE QUE LA PEUR

📖 *Marc 5:35, 36*

« Ta fille est morte ». Il semble que Jésus arrive trop tard. Mais que dit-il?

>> *[Demandez à vos auditeurs d'identifier leurs craintes.] Que nous dit Jésus lorsque nous pensons aux choses qui nous font peur (Marc 5:36) ?*

LA FOI EN JÉSUS C'EST CROIRE CE QU'IL DIT

📖 *Marc 5:36*

Jaïrus entend deux paroles : « Ta fille est morte » et « ne crains pas ». Peut-il vraiment faire confiance à Jésus ? Bien sûr que oui ! Ce ne sera pas facile. Mais Jésus ne ment jamais.

>> *Quand t'arrive-t-il d'avoir du mal à faire confiance à ce que Jésus te dit ? Agiras-tu en fonction de ce que tu ressens ou mettras-tu ta confiance en Jésus ? Qu'est-ce qui est mieux ? [⊞ Essayez de trouver une image qui aide vos auditeurs à comprendre. Par exemple, les paroles de Jésus sont comme un grand rocher. Les vagues de la mer se fracassent sur nous mais nous restons en sécurité debout sur le roc.]*

QUI SE CONFIE EN JÉSUS NE SERA JAMAIS DEÇU

📖 *Marc 5:42*

N'oublions pas que la petite fille est morte. Son corps est froid. Malgré cela, Jaïrus croit que Jésus est capable de la ressusciter des morts ! A-t-il été déçu ? La fille revient immédiatement à la vie. Elle est même prête à manger un bon repas !

>> *Rien n'est trop difficile pour Jésus. Face à des situations qui nous paraissent impossibles, nous pouvons faire confiance à Jésus. Si Jésus a promis de nous aider, nous ne serons pas déçus.*
📖 *1 Jean 5:14, 15*

21 JÉSUS DANS SA PATRIE

▣ Contexte

Marc 5 parle de trois personnes qui mettent leur foi en Jésus. La plupart des gens ne croient pas en Jésus. Ils veulent bien de ses miracles mais ils ne veulent pas croire que Jésus soit l'envoyé de Dieu, venu pour nous sauver.

Dans Marc 6 nous voyons que les habitants de Nazareth ne veulent pas non plus de Jésus. C'est une réponse à Jésus que nous avons déjà rencontrée à plusieurs reprises.

📖 Marc 3:20, 21, 31-35.

L'Évangile de Luc nous donne plus de détails concernant cette visite de Jésus dans sa ville. Luc nous apprend qu'à la fin de l'histoire les habitants de la ville essaient de jeter Jésus du haut d'une falaise afin de le faire mourir.

📖 Luc 4:16-30.

⊡ Leçon principale

Ces personnes qui connaissent très bien Jésus ne veulent pas de lui.

✦ Un travail à faire

De quelles manières ressemblons-nous à ces habitants de Nazareth ? En toute probabilité, nos auditeurs ne parlent pas de Jésus en mal. Cependant, ils peuvent manquer de foi en lui. Ils peuvent savoir beaucoup de choses sur Jésus mais refuser de le recevoir dans leurs vies. Il est possible qu'ils ne le reconnaissent pas comme leur Seigneur. Il est même possible qu'ils n'aient jamais mis leur foi en lui comme leur Sauveur.

Demandez à Dieu d'aider ceux que vous enseignez à mettre leur foi en lui.

◉ Notes

• **Marc 6:1**. Nazareth est la ville où Jésus a passé son enfance et où il a grandi.

• **Marc 6:5, 6**. Jésus « ne put faire là aucun miracle » à cause de leur « manque de foi ». Jésus fait des miracles pour aider les gens à croire en lui. S'ils refusent de croire, Jésus ne fait plus de miracles.

• **Marc 6:6**. Jésus « s'étonnait » (il était très surpris) de leur incrédulité. Jésus est pleinement Dieu. Mais en même temps il est pleinement humain. Et, en tant qu'être humain, quand il était sur la terre, il ne savait pas tout. C'est la raison pour laquelle il est surpris lorsque les habitants de Nazareth ne veulent pas croire en lui. Même si ces personnes savent beaucoup de choses sur Jésus, ils ne croient pas en lui pour autant. Jésus est surpris que leurs cœurs soient si durs.

DES GENS QUI SAVENT BEAUCOUP DE CHOSES SUR JÉSUS

📖 *Marc 6:2-3*

Que savent-ils de Jésus ?

- Ils sont très surpris par son **enseignement** et par sa **sagesse.**

- Ils savent qu'il fait des **miracles.**

- Ils l'ont vu grandir et exercer son métier de **charpentier** (une personne qui travaille le bois) dans leur ville.

Ils ne trouvent rien de mal à dire à son sujet. Tout ce qu'ils savent de lui est bon. Ils ne peuvent qu'en dire du bien. Et malgré cela, ils refusent de croire en lui (Marc 6:3).

> ⏩ *Que sais-tu de Jésus ? En penses-tu seulement du bien ou quelque chose en lui te déplaît-il ?*
> *Quelque chose en lui te fait-il peur et t'empêche-t-il de lui faire totalement confiance ?*
> *Alors, pourquoi n'acceptes-tu pas de le recevoir dans ta vie ?*
>
> *Plus nous savons de choses sur Jésus, plus notre confiance en lui devrait grandir. [Donnez à vos auditeurs des raisons de croire en Jésus.] Nous savons beaucoup de bonnes choses au sujet de Jésus. Pourquoi refuses-tu de mettre ta foi en lui ?*

DES GENS QUI REFUSENT DE CROIRE EN JÉSUS

📖 *Marc 6:3, 6*

Marc nous dit pourquoi ces personnes ne croient pas en Jésus. **C'est qu'ils ne *veulent* pas croire en Jésus !** Elles connaissent Jésus. Et elles ne peuvent pas accepter que Jésus soit meilleur qu'elles. Elles ne veulent pas laisser un charpentier leur dire ce qu'elles doivent faire.

Elles peuvent **voir** que Jésus est quelqu'un de remarquable. Mais elles ne l'aiment pas et elles ne croient pas en lui. Au lieu de l'aimer et de le croire, elles le haïssent.

> ⏩ *Penses-tu ressembler à ces personnes ? Tu crois tout ce qu'on te dit concernant Jésus mais tu refuses de le recevoir comme le Seigneur de ta vie ? Pourquoi ?*
>
> *As-tu besoin de demander à Jésus de te pardonner un tel manque de foi ?*

Trouves-tu étonnant que les gens sachent tant de choses sur Jésus mais malgré cela refusent de croire en lui ? C'est parce qu'ils ne veulent pas laisser Jésus, le charpentier, diriger leurs vies. Ils ne veulent pas que Jésus soit leur Roi.

22 LA BONNE NOUVELLE DOIT ÊTRE ANNONCÉE À TOUT LE MONDE !

▣ Contexte

Marc 6:1-29 nous apprend ce qui arrive lorsque les gens ne veulent pas recevoir le message de Jésus.

• **Marc 6:1-6** nous en montre les conséquences pour **Jésus** à Nazareth, la ville où il a grandi.

• **Marc 6:14-29** nous montre ce qui arrive à **Jean-Baptiste** lorsqu'il appelle le roi Hérode à la repentance.

• Entre ces deux récits se trouve **Marc 6:6-13**. Ce texte nous montre ce qui risque d'arriver aux **12 disciples** lorsqu'ils appelleront le peuple à la repentance et à la foi en Jésus.

▣ Leçon principale

Nous devons annoncer la bonne nouvelle de Jésus à tout le monde. Mais nous ne devons pas nous attendre à ce que tout le monde l'apprécie !

▣ Un travail à faire

Certaines choses dans ce texte sont importantes pour nous encore aujourd'hui. D'autres choses ne concernent que les 12 disciples à leur époque. Comment pouvons-nous savoir quelles choses dans ce texte sont pour nous aujourd'hui ? Ce texte nous aide à nous rappeler que notre mission (travail) est à la fois **la même** que celle des disciples et aussi **différente** de la leur.

• Une des raisons pour lesquelles elle est **différente** est que les disciples s'adressent à des **Juifs**. Ils appellent *leur* peuple à la repentance parce que *leur* Roi est venu. Normalement ce peuple devait recevoir favorablement ces disciples qui leur apportaient une bonne nouvelle. Mais aujourd'hui, beaucoup de personnes à qui nous parlons de Jésus n'ont que peu de connaissances concernant Dieu et la Bible. Nous devrons donc nous armer de patience.

• Mais notre mission est **la même** que celle des 12 disciples parce que Jésus a dit à l'église d'aller dans le monde entier prêcher la bonne nouvelle. Tout le monde a besoin d'entendre le message de Jésus. Lorsque nous parlons de Jésus aujourd'hui nous avons besoin d'être assurés que Jésus est avec nous. Mais cela ne signifie pas que nous allons partir sans nourriture ou sans argent.

▣ Notes

• **Marc 6:7.** Jésus donne à ses disciples le pouvoir sur les mauvais esprits pour prouver qu'ils annoncent la vérité concernant Jésus. Pour nous ce n'est pas tout à fait la même chose parce que nous avons la Bible. Aujourd'hui nous pouvons montrer aux gens ce que **Dieu dit** concernant Jésus dans la Bible.

• **Marc 6:11.** Quand un Juif quittait une ville non-Juive, il secouait la poussière de ses pieds. En faisant cela, il montrait à tout le monde ce qu'il pensait des non-Juifs. Mais ici ce geste montre ce que **Dieu** pense des **Juifs** qui n'acceptent pas de croire la bonne nouvelle de Jésus. Dieu veut qu'ils comprennent qu'à partir du moment où ils refusent la bonne nouvelle de Jésus, ils ne doivent plus se considérer comme faisant partie de son peuple.

LA BONNE NOUVELLE DE JÉSUS EST POUR TOUS !

📖 *Marc 6:7, 12*

- **Marc 6:6** : **Jésus** se rend dans les villages.

- **Marc 6:7** : Jésus envoie ses **disciples** dans les villages.

Jésus commence par montrer à ses disciples ce qu'il faut faire. Puis ils les envoient faire à sa place ! Comme Jésus, ils ont le pouvoir de guérir et de chasser des démons.

Tout le monde doit entendre la nouvelle que Jésus est le Sauveur envoyé de Dieu. Le peuple doit se repentir (se détourner de leurs péchés) et croire en Jésus.

Le principal travail de **Jésus** est de mourir pour nos péchés et ressusciter d'entre les morts. Le travail qu'il **nous** confie (à nous, ses disciples) est de parler de Jésus à tout le monde.

Les Juifs avaient besoin de savoir que leur Sauveur est venu. Partout au monde on a besoin de savoir que le Sauveur est venu.

> ⯈ *Dans ta ville ou ton village, tout le monde connaît-il la bonne nouvelle de Jésus ? Dans les villages alentour, tout le monde connaît-il la bonne nouvelle de Jésus ? Connaissent-ils la **vérité** à son sujet ?*
>
> ⯈ *Ils ont besoin de connaître la bonne nouvelle de Jésus ! Qui sont les personnes les mieux placées pour leur parler de Jésus ? Matthieu 28:18-20*

MAIS TOUS NE L'APPRECIÉRONT PAS !

📖 *Marc 6:11*

Ne pensez pas qu'il est facile de parler aux autres de Jésus.

Si les gens n'ont même pas voulu recevoir **Jésus**, nous pouvons nous attendre à ce qu'ils ne reçoivent pas toujours ses **disciples** non plus ! Beaucoup de personnes ne veulent pas se repentir de leur péché et croire en Jésus. Ils nous diront de les laisser tranquilles. Ils iront même jusqu'à vouloir nous faire du mal.

- Cela signifie-t-il que nous devons changer le message pour que les gens l'acceptent plus facilement ?

- Cela veut-il dire que nous devons arrêter de parler aux gens de Jésus parce qu'ils ne veulent pas nous écouter ?

Bien sûr que non ! N'oublions pas que si nous, nous sommes chrétiens, c'est parce des gens sont venus jusqu'à nous dans notre ville ou dans notre village pour nous parler de Jésus. Ce n'était pas facile pour eux, mais ils n'ont pas arrêté de parler pour autant. Et le résultat est qu'aujourd'hui nous connaissons Jésus. *[Donnez un témoignage à ce sujet.]*

Dans Marc 6:11 Jésus dit à ses disciples de quitter les villages qui ne veulent pas les recevoir. Ce n'est jamais une bonne chose de dire non à Jésus. Mais les personnes à qui nous nous adressons sont différentes de ces Juifs. Elles ne connaissent pas la vérité. C'est pourquoi nous devons nous armer de patience. Mais nous devons aussi nous attendre à ce que ces personnes cherchent à nous faire du mal.

23 HÉRODE ET JEAN-BAPTISTE

▣ Contexte

Marc 6:1-29 nous apprend ce qui arrive lorsque les gens ne veulent pas recevoir le message de Jésus.

- **Marc 6:1-6** nous en montre les consé-quences pour **Jésus** à Nazareth, la ville où il a grandi.

- **Marc 6:6-13** nous montre ce qui arrive aux **12 disciples** lorsqu'ils appellent le peuple à la repentance et à la foi en Jésus.

- **Marc 6:14-29** nous montre ce qui arrive à **Jean-Baptiste** lorsqu'il appelle le roi Hérode à la repentance. Il nous montre aussi les conséquences pour **Hérode** quand il refuse de se repentir.

⊡ Leçon principale

Soyons prêts à souffrir. Soyons des Jean-Baptiste !

Acceptons de nous repentir. Ne soyons pas comme Hérode !

⊕ Un travail à faire

Il est probable que beaucoup de vos auditeurs ne connaissent pas cette histoire. Réfléchissez à la meilleure manière de la leur faire comprendre. Par exemple, vous pour-riez demander à plusieurs personnes de lire le texte en jouant les rôles de Jean-Baptiste, Hérode, Hérodiade et la fille d'Hérodiade. Avant de lire le texte, vous pourriez expli-quer à vos auditeurs qui sont ces personnes et dire un mot les concernant.

▣ Notes

- **Marc 6:16**. Hérode a peur ! Il sait que ce qu'il fait est mal. Aussi, pourquoi ne dit-il rien de **Jésus** ? Pourquoi n'at-tribue-t-il pas les miracles de Jésus à Jésus lui-même ? Jean-Baptiste lui avait certainement parlé de Jésus ! Quand nous nous détournons de Jésus, cela nous rend aveugles et nous ne voyons plus la vérité. Essayez de reconstituer l'histoire d'Hé-rode en lisant Luc 23:8-12 et Actes 12:23.

- **Marc 6:17.** Ce long récit concerne un événement qui a eu lieu plusieurs mois auparavant. Marc raconte cette histoire ici parce qu'elle nous fournit encore un exemple de ce qui arrive lorsque nous annonçons fidèlement la parole de Dieu. Appeler les hommes à la repentance n'est pas une chose facile !

NOUS NE DEVONS PAS CHANGER LE MESSAGE !

📖 *Marc 6:17-18*

⊕ Racontez l'histoire d'un chrétien mort à cause du Christ. Pourquoi ce chrétien est-il mort ? Il est mort parce qu'il prêchait la vérité de Dieu ! Et il n'a pas cherché à sauver sa vie en changeant ce message.

Jean-Baptiste est mort pour avoir dit la vérité. *[Racontez l'histoire. Ce n'était certainement pas facile d'annoncer au roi Hérode que ce qu'il faisait était mal ! (Marc 6:18) Pensez à Jean en prison. Il a hâte d'en sortir ! Il sait qu'Hérode voudra bientôt le revoir. S'il lui dit ce qu'il veut entendre, Hérode lui rendra sa liberté !]*

Mais Jean ne change pas le message. Il informe Hérode qu'il agit mal et l'appelle à la repentance. C'est la raison pour laquelle Hérode finit par le faire décapiter.

> ⟫ *Comment réagis-tu en lisant cette histoire ? As-tu peur ? Ou l'histoire te rend-elle plus fort ?*
>
> *Si nous changeons le message, les gens nous laisseront tranquilles. Mais en même temps ils n'entendront pas la vérité au sujet de Jésus. Et nous ne plairons pas à Jésus.*
> **Matthieu 5:10-12.**

C'EST LE MESSAGE QUI DOIT NOUS CHANGER !

1. Hérode aime écouter, mais il ne veut pas que cela le change !
📖 *Marc 6:20*

Il est fort probable que Jean ait parlé à Hérode de Jésus. Et Hérode aimait entendre ces choses. Mais en même temps il ne voulait pas renoncer à sa relation avec Hérodiade, la femme de Philippe, son frère. Il ne voulait pas croire en Jésus, parce qu'il ne voulait pas changer de vie.

> ⟫ *Fais-tu comme Hérode ? Tu aimes écouter des messages sur Jésus. Tu vas volontiers à l'église. Mais à quel péché refuses-tu de renoncer ? Qu'est-ce qui t'empêche de t'abandonner entièrement à Jésus ?*

2. Hérode aime Jean lui-même, mais cela ne l'empêche pas de le tuer !
📖 *Marc 6:27*

Pourquoi Hérode fait-il mourir Jean ? L'aurait-il fait s'il avait écouté son message ? Que se passe-t-il lorsque nous choisissons notre péché plutôt que Jésus ?

Le cœur d'Hérode s'est tellement endurci qu'il fait mourir le prophète de Dieu !

Connais-tu des personnes qui croyaient en Jésus dans le passé mais qui n'y croient plus aujourd'hui ? Il y a longtemps, elles venaient à l'église. Mais elles ne voulaient pas quitter leur péché. Aiment-elles encore Jésus aujourd'hui ? Écoutent-elles sa parole aujourd'hui ?

Ne faisons pas comme Hérode !

24 JÉSUS NOURRIT CINQ MILLE BREBIS !

◉ Contexte

Marc 6:1-29 nous apprend ce qui arrive lorsque les gens ne veulent pas recevoir le message de Jésus.

Maintenant les disciples sont de retour de leur mission.

📖 Marc 6:7, 30.

Il semble que leur mission ait été un succès. Beaucoup de personnes cherchent à voir Jésus. Jésus et ses disciples essaient donc de trouver un lieu tranquille pour se reposer à l'écart. Mais des milliers de personnes font le tour du lac en courant de longues distances pour retrouver Jésus plus loin.

📖 Marc 6:30-33.

Que veulent-ils ? Viennent-ils à Jésus pour entendre son **message** ? Ou viennent-ils à lui à cause de ses **miracles** ?

◉ Leçon principale

Jésus n'est pas un simple « faiseur de miracles ». Il est venu répondre à nos besoins les plus profonds.

✦ Un travail à faire

Il est difficile d'enseigner sur ce texte parce qu'ici Jésus parle non seulement par ses paroles mais aussi par ses **actes**. Le miracle est plus qu'un miracle. Il contient une **leçon** pour nos vies (Marc 6:52).

Afin de mieux comprendre ce miracle, lisez Jean 6 et étudiez attentivement ce passage.

Ne passez pas trop de temps à parler des pains et des poissons. Parlez plutôt de Jésus. Parce que ce miracle nous parle surtout de Jésus et de qui il est.

◉ Notes

- Ce miracle se trouve dans chacun des quatre Évangiles (Matthieu, Marc, Luc et Jean). Cela nous montre que ce miracle est très important.

- **Marc 6:31.** Les disciples avaient besoin de se reposer. Mais les besoins de la foule sont plus urgents que le repos des disciples.

- **Marc 6:34.** Un berger est un fermier qui s'occupe des brebis. Un berger conduit les brebis afin qu'elles ne se perdent pas.

- **Marc 6:37.** Jésus veut apprendre beaucoup de choses à ses **disciples.** Il veut leur faire voir que lui seul est capable de nourrir une telle foule. Mais après avoir vu ce miracle, mettront-ils leur confiance en Jésus ?

Lisez la suite ! 📖 **Marc 6:45-52.**

QUELS SONT NOS BESOINS ?

📖 *Marc 6:34*

- À la fin de la journée, le peuple a faim. Ils ont **besoin de pain**. Mais il est impossible de trouver du pain pour une foule aussi grande. Jésus va donc opérer un miracle extraordinaire.

- Mais le peuple a besoin **d'autre chose encore que du pain.** Que voit Jésus lorsqu'il regarde cette foule ? 📖 *Marc 6:34.*

Ils sont comme des brebis perdues. Ils ne savent pas où aller dans la vie. Ils n'ont pas de Berger pour leur indiquer le chemin. Ils sont comme des brebis qui se suivent les unes les autres. Ils courent ensemble après les derniers phénomènes à la mode. Et le tout dernier phénomène concerne un homme qui fait des miracles.

Quel est leur besoin ? Ils ont besoin de savoir qui est ce Jésus *vraiment*. Ils ont besoin de savoir que Jésus est « le Chemin, la Vérité et la Vie » (Jean 14:6). Ils ont besoin de savoir que Jésus est le Bon Berger qui bientôt donnera sa vie pour ses brebis.

> ≫ *Ressembles-tu aux gens de cette foule ? Es-tu quelqu'un qui suit la foule ? Vas-tu écouter les enseignants à la mode ? Recherches-tu des miracles ? Alors **tu as besoin de savoir qui est Jésus vraiment.**
> [Parlez de ce Jésus qui est le Sauveur des pécheurs et qui veut être le Seigneur de nos vies.]*

QUELLE EST SA RÉPONSE ?

Jésus ne veut pas leur donner ce qu'ils **réclament**, ou ce qu'ils demandent (c'est-à-dire du pain). Il veut répondre à leur **véritable besoin** (qui est beaucoup plus que du pain).

- Jésus leur fournit de la **nourriture.** Cela le préoccupe de savoir qu'ils ont faim !

- Jésus leur propose un **enseignement.** 📖 *Marc 6:34.* Car ils ont besoin aussi de connaître la vérité.

- Jésus leur fait voir un miracle **extraordinaire.** Mais le but de ce miracle n'est pas simplement de leur remplir le ventre. Ce n'est pas non plus pour les émerveiller. Jésus opère ce miracle afin de leur faire voir **qui il est.** Pour Jésus, ce miracle est un **signe** qui est destiné à leur apprendre une leçon. C'est comme un panneau routier qui indique le chemin à suivre pour trouver Jésus, le Berger des brebis perdues.

En voyant ce miracle, le peuple pense à un **autre miracle** de la Bible. Jésus les nourrit comme Dieu avait nourri le peuple d'Israël dans le désert. Lorsque Jean raconte cela dans son Évangile il nous rapporte aussi les paroles de Jésus qui dit : « Moi, je suis le Pain de Vie ». 📖 *Jean 6:32-36.*

> ≫ *Un miracle ne peut jamais nous satisfaire pleinement. C'est comme le pain. On peut en manger mais on aura de nouveau faim. Jésus est venu pour répondre à nos vrais besoins. C'est pourquoi nous avons besoin de lui. Il est le Pain de Vie. C'est lui qui nous satisfait pleinement.*

25 DES CŒURS ENDURCIS

▣ Contexte

Dans Marc 3, Jésus choisit et appelle 12 disciples. Il leur apprend beaucoup de choses. Il veut qu'ils comprennent qui il est. Il les envoie (Marc 6) appeler d'autres à la repentance parce que le Christ, leur Messie, est venu.

Marc nous a montré que beaucoup de **chefs** religieux sont opposés à Jésus. Les **foules** l'aiment beaucoup, mais ne sont attirées à lui qu'à cause de ses miracles. Et même les **disciples** sont lents à croire en Jésus.

📖 **Marc 4:35-41 et Marc 6:45-52.** Les disciples ont de nouveau peur. Ils ne comprennent toujours pas qui est Jésus. **Marc 6:52** nous en donne la raison.

▣ Leçon principale

Nous pouvons savoir beaucoup de choses sur Jésus, mais nos cœurs restent endurcis. Chacun d'entre nous a besoin de se confier pleinement en Jésus.

✲ Un travail à faire

Il est difficile de reconnaître que nous avons des cœurs endurcis. Car, comme les disciples, nous pensons aimer Jésus. Nous aimons aller à l'église. Mais, si nous ne nous confions pas entièrement en Jésus comme notre Sauveur, nos cœurs peuvent s'endurcir. [⊕ *Essayez de trouver une image pour expliquer ce qu'est un cœur endurci. Cela signifie que nous n'acceptons pas de changer lorsque Dieu nous parle dans sa Parole.]*

▣ Notes

- **Marc 6:48**. « La quatrième veille ». Entre 3h et 6h du matin.

- **Marc 6:49**. « Un fantôme ». Un esprit qui ressemble à une personne décédée.

- **Marc 6:52**. « Parce que leur cœur était endurci (était devenu dur) ». La Bible du Semeur traduit : « leur intelligence était aveuglée » (ils ne pouvaient pas comprendre).

- **Marc 6:53-56**. Jésus a beaucoup de succès auprès de la foule. Beaucoup viennent à lui pour être guéris. Jésus leur fait voir sa puissance. Mais ces gens sont comme ses disciples : malgré cela, ils ne comprennent toujours pas qui il est. Ils ne voient pas la raison pour laquelle il est venu. Ils viennent à lui seulement pour être guéris.

ILS ONT PEUR

📖 *Marc 6:50*

Jésus quitte momentanément les foules (qui ne comprennent pas qui il est). Jésus quitte momentanément les disciples (qui ne comprennent pas qui il est). Jésus prie seul en présence de son Père (qui comprend tout). Puis il retourne auprès de ses disciples, pour leur apprendre à nouveau qui il est.

Sur le lac, les disciples ont du mal à avancer... *[Racontez l'histoire.]*

• Leur peur est-elle justifiée ? Pourquoi ont-ils peur ?

Ils ont peur parce qu'ils ne voient pas que c'est Jésus qui s'approche d'eux.

> ⟫ *Quand Jésus est avec nous, nous n'avons pas à avoir peur ! Quand t'arrive-t-il d'avoir peur ? Quand tu as peur, penses-tu à Jésus ? Ou oublies-tu de penser que Jésus est avec toi ?*

> ⟫ 📖 *Esaïe 43:1-3. Jésus promet d'être avec son peuple. Nous sommes toujours en sécurité lorsque Jésus veille sur nous ! David dit à Dieu : « Le jour où je suis dans la crainte, en toi je me confie » (Psaume 56:3). Peux-tu dire cela ?*

ILS NE COMPRENNENT PAS

📖 *Marc 6:52*

• Pourquoi prennent-ils Jésus pour un fantôme ? Pourquoi ne pensent-ils pas que c'est peut-être Jésus ?

Ils ne voient pas que c'est Jésus parce qu'ils ne **comprennent** pas. Ils peuvent se rappeler sans doute de la fois où Jésus a calmé la mer en s'adressant aux vagues. Ils savent aussi que Jésus vient de nourrir 5 000 personnes avec cinq pains et deux poissons. Mais ils ne comprennent pas qui il est *vraiment*. Ils sont loin de le penser capable de marcher sur l'eau.

Marc nous apprend quelque chose qui peut nous surprendre. « Leurs cœurs étaient endurcis ». Ils avaient vu tant de choses qui leur montraient qui est Jésus. Mais, malgré cela, ils n'ont pas cru en lui. Et ils n'arrivent toujours pas à voir qui il est. Parce que leurs cœurs sont trop durs.

> ⟫ *Nous pouvons ressembler à ces disciples. Nous pouvons savoir beaucoup de choses sur Jésus mais nous ne nous confions pas en lui pour autant. Mais que nous arrive-t-il ensuite ? Nos cœurs deviennent durs. Nous entendons Dieu nous dire beaucoup de choses mais cela ne nous change toujours pas. Confie-toi en Jésus, aujourd'hui !* 📖 *Hébreux 3:12-15.*

26 JÉSUS FAIT VOIR AU PEUPLE LA VRAIE NATURE DES PHARISIENS

◾ Contexte

Nous avons vu que les Pharisiens haïssent Jésus. Il ne respecte pas leurs règles. Il a trop de succès auprès des foules. Et il fait voir au peuple la vraie nature des Pharisiens.

C'est pourquoi des Pharisiens arrivent de Jérusalem pour l'observer de plus près. Et nous verrons ce qui va se passer par la suite!

📖 **Marc 7:1-23.** Cette partie de l'Évangile est très importante. Ces versets nous font voir tout ce qui ne va pas chez les Pharisiens et les chefs religieux des Juifs. Ils nous font voir ce qui ne va pas aussi chez les hommes et les femmes dans le monde entier encore aujourd'hui. Ils dévoilent le cœur du problème de l'homme.

◉ Leçon principale

Dieu désire que nous lui rendions un culte qui est vrai. Il ne veut pas que nous **disions** seulement les choses qu'il faut dire. Il veut que nous l'aimions du fond de notre cœur.

✷ Un travail à faire

Parcourez les notes attentivement. Il est important que vos auditeurs comprennent bien la différence entre les lois de Dieu et nos lois (règles) humaines. Dans votre église, y a-t-il des règles qui ne viennent pas de la Bible ? Êtes-vous préoccupés par le respect de vos traditions mais sans vous soucier du mensonge, de la haine et des médisances ?

◉ Notes

• **Marc 7:1-4.** Sur la place publique, les Juifs côtoyaient les Gentils (non-Juifs). Et ils pensaient que cela les rendait « impurs » (sales) devant Dieu. Et, à cause de cela, ils pensaient que la nourriture qu'ils touchaient devenait aussi impure. C'est pourquoi ils avaient des pratiques religieuses leur permettant de se laver les mains de telle manière que la nourriture qu'ils touchaient restait pure. Mais cet enseignement ne se trouve **nulle part** dans l'Ancien Testament ! (C'est bien entendu une bonne chose de se laver les mains avant de manger. Mais ici c'est autre chose. Il s'agit d'une pratique religieuse.)

• **Marc 7:5.** « La tradition des anciens (des ancêtres) ». Les anciens (chefs) inventaient de nouvelles règles pour aider les Juifs à mieux respecter la loi de Dieu. Mais il est toujours dangereux d'ajouter de nouvelles lois aux lois de Dieu ! Nos règles humaines finissent par devenir plus importantes à nos yeux que les lois de Dieu (Marc 7:8).

• **Marc 7:6.** « Hypocrites ». Un hypocrite est quelqu'un qui fait semblant. Cela signifie qu'il n'est pas ce qu'il paraît être. Ces personnes donnent l'impression de suivre Dieu mais dans leurs cœurs elles ne l'aiment pas. Elles s'aiment elles-mêmes mais elles n'aiment pas Dieu.

• **Marc 7:11.** Un Juif a de l'argent. Ses parents ont besoin d'aide. Mais ce Juif ne veut pas donner de l'argent à ses parents. Alors il le déclare « corban ». Cela veut dire qu'il a promis de donner cet argent à Dieu. Il ne peut donc pas aider ses parents.

JÉSUS N'AIME PAS NOUS VOIR FAIRE SEMBLANT

📖 *Marc 7:6*

Ces Juifs pensent plaire à Dieu. Ils pensent être les meilleurs ! Ces Juifs pensent avoir gardé toutes les lois de Dieu – et beaucoup d'autres lois encore ! Et pour eux les disciples sont des personnes qui font le mal. Parce qu'ils ne se lavent pas les mains de la bonne manière ! *[Expliquez cela en vous servant de ce que dit Jésus dans Marc 7:1-4.]*

- Pourquoi Jésus prononce-t-il des paroles dures contre eux ? Pourquoi leur dit-il que ce sont des « hypocrites » ?

Ces Juifs veulent *paraître* bons **extérieurement**. Mais pour Dieu nous devons *être* **bons intérieurement**.

Pensons à des choses **qui nous paraissent bonnes, vues de l'extérieur**. *[Voir des gens se rendre à l'église… chanter des cantiques…dire des prières… dire de bonnes choses des autres…]* Quand Dieu trouve-t-il du plaisir dans ces choses ? Quand ces choses ne lui plaisent-elles pas ?

> ⯈ *Jésus n'aime pas nous voir faire semblant. Il voit ce qui se passe à l'intérieur de nous-mêmes. Il entend ce que nous disons dans nos cœurs. Il nous voit lorsque personne d'autre ne nous regarde.*

- *Les paroles de Marc 7:6 te décrivent-elles ?*

JESUS N'AIME PAS NOUS VOIR NÉGLIGER LES COMMANDEMENTS DE DIEU

📖 *Marc 7:8*

⊕ Cela te fait-il plaisir de voir ton enfant faire semblant de t'obéir ? Il te fait croire qu'il t'obéit. Mais en réalité il a d'autres projets. Il n'a aucune envie de t'obéir. *[Pensez en donner un exemple concret.]*

Jésus choisit un exemple pour **montrer la vérité** concernant ces Juifs. Ils sont préoccupés par **leurs** lois parce qu'elles leur permettent de donner l'impression d'être bons. Mais les lois de Dieu ne les intéressent pas vraiment, parce qu'ils n'aiment pas Dieu. *[Expliquez la pratique du « corban » dont il est question dans Marc 7:9-13.]* Ils gardent **leurs** lois parce que cela leur permet de paraître bons aux yeux des gens. Ils ne gardent pas les lois de Dieu (honorer son père et sa mère) parce qu'ils n'aiment pas Dieu.

> ⯈ *Marc 7:8. Ces paroles de Jésus sont très dures. Penses-tu être concerné par ces choses ? Aimes-tu les lois de Dieu ? Ou les gardes-tu seulement lorsque d'autres t'observent ? [Donnez des exemples.]*
>
> *Cherches-tu à donner l'impression aux autres que tu es un bon chrétien mais tout en faisant ce qui te rend heureux ? Es-tu quelqu'un qui respecte les traditions de ton église mais qui néglige les lois de Dieu ? [Donnez des exemples.]*

27 LE PROBLÈME EST EN L'HOMME

▣ Contexte

📖 **Marc 7:1-13.** Jésus a fait voir aux Pharisiens qu'ils ont un grand problème. Ils font semblant d'être saints mais ils ne vivent que pour eux-mêmes. Ils affirment aimer Dieu mais ils n'ont d'amour que pour eux-mêmes. Ils gardent beaucoup de règles qui concernent des choses qui se voient mais ils n'obéissent pas à Dieu dans leurs cœurs.

Maintenant Jésus leur dévoile le fond de leur problème. Ces Pharisiens ont peur de laisser le péché **entrer** en eux. Mais **Jésus** leur dit que le péché est **déjà** en eux. Ce ne sont pas les aliments qui nous rendent impurs aux yeux de Dieu. C'est le péché qui est déjà dans nos cœurs qui nous rend impurs (sales).

📖 **Marc 7:14-23.**

Le problème du péché vient du cœur.

Dans l'Ancien Testament, Dieu promet de donner à son peuple un cœur nouveau. Il promet d'envoyer un Sauveur qui transformera nos vies en changeant nos cœurs.

📖 **Ezéchiel 36:26, Jean 3:3.**

◉ Leçon principale

La source du péché est en nous. Nous avons besoin de Dieu qui seul peut nous changer intérieurement.

✶ Un travail à faire

L'enseignement que nous donne Jésus ici est très important. Beaucoup de personnes pensent qu'il suffit d'être bons *extérieurement*. Ils essaient de faire de bonnes choses. Ils essaient de vivre en chrétiens. Mais en faisant cela, ils ressemblent aux Pharisiens. Ils ont besoin d'un nouveau cœur. Demandez à Dieu de vous aider à faire comprendre à vos auditeurs que le péché est en nous.

◉ Notes

• **Marc 7:14, 17.** Les Pharisiens n'ont pas compris. **La foule et les disciples** non plus n'ont pas compris. Eux aussi ont besoin de voir que le péché vient de nos cœurs.

• **Marc 7:19.** Les aliments ne peuvent pas nous rendre impurs aux yeux de Dieu ! Les lois de l'Ancien Testament qui parlent des aliments étaient données au peuple d'Israël pour leur apprendre des leçons concernant la sainteté de Dieu. Mais Jésus nous montre ici que ces lois ne s'appliquent plus. Dieu ne se préoccupe pas de ce qui **entre** dans nos ventres. Ce qui l'intéresse c'est ce qui **sort** de nos cœurs.

• **Marc 7:21, 22.** Si vous le pouvez, essayez de trouver la signification de chacun de ces mots. Cette liste concerne les mauvaises choses que nous **faisons** (comme l'« adultère » – les péchés sexuels), les mauvaises choses que nous **disons** (comme la « fraude (ou la « tromperie ») – dire des mensonges) et les mauvaises choses que nous **pensons** (comme l'« orgueil » - nous pensons que nous sommes meilleurs que les autres).

LE PÉCHÉ NE VIENT PAS DE L'EXTÉRIEUR

📖 *Marc 7:15, 18-19.*

⊕ Dans certains pays, les gens n'aiment pas laisser la saleté envahir leurs maisons. Ils demandent aux visiteurs d'enlever leurs chaussures avant d'entrer dans leurs maisons. Malgré cela, à l'intérieur de ces maisons on trouve beaucoup de choses qui sont « sales » : de mauvais ressentiments, des paroles destructrices, des programmes malsains à la télévision. La vraie saleté se trouve déjà à l'intérieur de la maison ! *[Vous devrez peut-être trouver une autre image pour aider vos auditeurs à comprendre.]*

Les Pharisiens pensaient que le péché a sa source en dehors de nous. Ils avaient des pratiques religieuses leur permettant de se laver les mains de telle manière qu'ils ne mangeaient rien d'« impur ». Mais Jésus leur dit qu'une telle approche est ridicule. La nourriture entre d'un côté et sort de l'autre ! Cela n'a rien à voir avec le péché. La vraie saleté est déjà en nous.

• Quelles autres pratiques **extérieures** avons-nous qui n'ont rien à voir avec le péché ?

En même temps, nous ne devons pas laisser des choses **mauvaises** entrer en nous de l'extérieur. De mauvaises choses peuvent entrer dans nos cœurs et nous rendre encore pire intérieurement.

🔊 📖 *1 Samuel 16:7. Essaies-tu de vivre comme un chrétien extérieurement mais à l'intérieur ton cœur reste-t-il mauvais ?*

LE PÉCHÉ VIENT DE L'INTÉRIEUR

📖 *Marc 7:20-23*

Pensons à différents types de péchés. D'où viennent ces péchés ? Le péché vient toujours de l'intérieur de l'homme. Cela commence par nos pensées. En dressant sa liste de péchés, Jésus parle tout d'abord des « *pensées mauvaises* » (Marc 7:21). Le mal est en nous. Nos cœurs sont mauvais. *[Parlez des différents péchés mentionnés dans la liste de Jésus. Montrez que tous ces péchés ont leur source en nous. Montrez aussi que le péché est toujours une offense contre Dieu.]*

[Servez-vous d'images. Par exemple, je veux vivre en chrétien et par conséquent je décide de ne plus voler. Mais cela ne m'empêche pas de continuer à avoir le désir de voler. Quand personne ne me voit, je continue à voler. Ceux qui m'observent pensent que ma vie a changé. Mais moi, je sais qu'à l'intérieur je reste tout aussi mauvais qu'avant. Car mon cœur me pousse à voler.]

🔊 *Dieu t'a-t-il parlé aujourd'hui ? Vois-tu que le mal est en toi ? Alors, parles-en à Dieu. Dis-lui que ton cœur est mauvais. Dis-lui que tu le regrettes et que tu veux changer.*

Qu'est-ce qui peut nous rendre purs à l'intérieur ?

• **Toi, tu ne pourras pas** changer ton cœur. Tu peux essayer de vivre en faisant le bien mais le mal sera toujours en toi.

• **Dieu peut changer** ton cœur. Jésus est le médecin qui est venu dans ce monde pour guérir ceux qui ont de mauvaises choses en eux (Marc 2:17). Son sang est la seule chose qui puisse laver des cœurs qui sont sales. C'est pour cette raison qu'il est venu mourir sur la croix. Veux-tu mettre ta foi en Jésus afin qu'il te lave le cœur ? 📖 *1 Jean 1:9*

28 UNE FEMME PAÏENNE MONTRE SA GRANDE FOI !

▣ Contexte

Les Juifs pensent qu'ils sont « propres ». Mais Jésus leur dit qu'ils ne le sont pas. Parce que le péché a sa source à l'intérieur de l'homme.

📖 Marc 7:1-23

Maintenant Jésus quitte les Juifs et se rend dans une région où habitent des Gentils. Les « Gentils » (ou « Grecs ») ne sont pas Juifs. Ce sont des païens. Et pour les Juifs, les païens ne sont pas « propres ». Jésus veut donc leur montrer que les Gentils sont comme les Juifs. Les Gentils comme les Juifs ont besoin de Dieu afin qu'il les change **intérieurement**.

Essayez d'imaginer ce que pouvaient penser les disciples (qui étaient des Juifs) en voyant Jésus se rendre dans une ville païenne (où habitent les Gentils). Il ne faut pas oublier que les Juifs pensaient que Dieu ne s'intéressait pas aux Gentils.

📖 Marc 7:24-8:10. Certaines de ces

histoires ressemblent à d'autres que nous avons déjà vues dans Marc. Mais la grande nouveauté ici est de voir Jésus montrer qui il est **à des Gentils**.

▣ Leçon principale

Jésus accueille **quiconque** met sa foi en lui.

▣ Un travail à faire

Les disciples avaient certainement beaucoup de mal à voir Jésus se rendre dans une ville païenne. Vous devez vous assurer que vos auditeurs comprennent cela. Votre tribu (ou votre pays) a-t-elle des ennemis traditionnels ? Y a-t-il dans votre pays des personnes que vous considérez inférieures à vous ? Jésus est venu pour ces personnes tout aussi bien que pour vous.

▣ Notes

• **Marc 7:24.** Jésus s'est rendu à Tyr, une ville païenne. Mais Jésus n'y est pas allé avec l'intention d'entrer en contact avec les Gentils. Ce sont les Gentils eux-mêmes qui sont venus le retrouver ! Car la mission de Jésus est de montrer *aux Juifs* qui il est. Mais il *nous* demande de porter la bonne nouvelle à tout le reste du monde.

• **Marc 7:27.** Cette réponse peut nous sembler cruelle. Mais Jésus reste toujours poli et correct. Parfois on parlait des Gentils comme des « chiens ». Cela voulait dire qu'il n'y avait pas de place pour eux dans le royaume de Dieu. Mais nous savons que Jésus a de la compassion pour cette femme. Il est donc probable qu'en parlant de cette façon il voulait dire : « Vous savez ce que les Juifs pensent de vous. Dans ce cas, pourquoi venez-vous à moi ? » Jésus ne voulait pas rejeter cette femme. Il voulait lui donner l'occasion de manifester sa foi en lui.

UN GRAND BESOIN

📖 *Marc 7:24-28*

Jésus reçoit toujours celui qui a **besoin de lui** !

- Remarquons que cette femme est **désespérée**. Elle n'attend pas que Jésus sorte de la maison. Elle doit le voir **tout de suite** !

Jésus veut être seul avec ses disciples. Mais il ne dit pas à cette femme de partir. Il a toujours du temps pour celui (ou celle) qui a besoin de lui.

- Remarquons que cette femme est **humble**. Elle n'est pas contrariée par les paroles de Jésus dans Marc 7:27. Elle ne lui dit pas : « J'ai autant le droit de vous voir que les Juifs ! » Elle sait qu'elle ne mérite rien de la part de Jésus. Es-tu comme cette femme ?

⏩ *Peu importe qui tu es. Peu importe le mal que tu as fait. Peu importe que ta famille soit chrétienne ou non.*

Si tu sais que tu as besoin de Jésus, Jésus ne te rejettera pas.

UNE GRANDE FOI

Jésus reçoit toujours celui **qui se confie en lui**.

- Remarquons la manière dont elle « **supplie** » Jésus. (« Supplier » signifie « demander avec insistance ».) Cette femme ne dit pas : « Vous allez peut-être pouvoir m'aider. » Elle **sait** que Jésus peut chasser ce démon. Elle supplie Jésus, parce que Jésus seul est capable de faire cela.

- Remarquons la manière dont elle **persiste dans sa demande**. Lorsque Jésus la met à l'épreuve, elle n'abandonne pas

pour autant. Cela ne la dérange pas de se faire traiter de « chien », si elle peut seulement manger les quelques miettes qui tombent à terre !

- Remarquons la manière dont elle **se soumet aux paroles de Jésus** (Marc 7:29). Elle accepte de rentrer chez elle, parce qu'elle a confiance en Jésus. Elle s'attend à retrouver sa fille en bonne santé.

N'oublions pas que les disciples observent Jésus. Et ils ont rarement vu des **Juifs** réagir avec autant de foi. Mais cette femme **païenne** a une pleine confiance en Jésus !

⏩ *Peu importe qui tu es. Peu importe si les autres te rejettent. Jésus accueille **quiconque** met sa foi en lui. Seras-tu comme cette femme ? Apporteras-tu ton plus grand besoin à Jésus ? Le supplieras-tu de te sauver ? Croiras-tu ses promesses ?*

📖 *Jean 6:35*

⏩ *Jésus est prêt à recevoir **quiconque** met sa foi en lui. Seras-ce toi ? T'arrive-t-il de prendre les autres de haut ou de penser qu'ils sont trop mauvais pour Dieu ? Nous devons accepter tous ceux qui s'approchent de Dieu qui qu'ils soient.*

29 UN MIRACLE AVEC UN MESSAGE

◉ Contexte

Jésus se trouve dans la région des Gentils. Les Juifs n'ont pas compris qui est Jésus. Les Gentils comprendront-ils ?

Même les **disciples** ne comprennent pas vraiment. C'est comme s'ils étaient sourds. Jésus les enseigne mais ils ne croient toujours pas qu'il est le Fils de Dieu (Marc 7:18).

📖 **Marc 8:1-10.** Ceci ressemble à la dernière fois où ils manquaient de nourriture. Mais les disciples ont oublié ce qui s'était passé la première fois !
📖 **Marc 8:17-18, 21.**

Le miracle dans Marc 7:31-37 est beaucoup plus qu'un miracle. C'est un miracle qui transmet un **message**. C'est une façon de parler aux disciples qui sont sourds eux aussi. Même s'ils ne sont pas sourds exactement comme cet homme.

◉ Leçon principale

Nous aussi nous avons besoin d'un miracle. Nous avons besoin que Jésus nous ouvre les oreilles afin que nous croyions en lui. Et nous avons besoin qu'il nous ouvre la bouche afin que nous parlions de lui à d'autres.

✱ Un travail à faire

Ce miracle est comme une image dont Dieu se sert pour enseigner les disciples. On ne peut pas dire que ce miracle est plus difficile que d'autres. Mais, dans ce cas,

pourquoi Jésus semble-t-il en faire toute une histoire ? Pourquoi soupire-t-il ? Pourquoi est-il triste ?

Jésus voit que le peuple et ses disciples sont comme ce sourd. C'est comme s'ils sont sourds à la vérité de Dieu. Ils ont besoin d'un miracle, eux aussi. Ils ont besoin d'un miracle pour changer leurs cœurs. Réfléchissez à la manière dont vous allez expliquer cela à vos auditeurs.

◉ Notes

• **Marc 7:31.** « La Décapole » (les « dix villes ») était une région païenne (où habitaient des Gentils).
📖 **Marc 5:20.**

• **Marc 7:34.** « Un profond soupir » /« un gémissement ». Jésus est dans un état d'extrême tristesse. Mais ce n'est pas parce que cet homme est sourd. C'est parce que le peuple ne croit pas en lui. Voilà le vrai problème (Marc 8:12).

• **Marc 7:36.** Jésus ne veut pas que le peuple parle de ce miracle à d'autres. Parce qu'il ne veut pas qu'ils comprennent mal. Jésus est bien plus que « l'homme qui fait des miracles » ! S'ils savent vraiment qui il est, ils lui **obéiront** et feront ce qu'il leur demande.

JÉSUS EST TRISTE

📖 *Marc 7:34*

L'état de cet homme sourd l'attriste. Jésus est toujours triste lorsqu'il nous voit en détresse. Jésus est triste en voyant la maladie et la souffrance dans le monde. Et il est surtout triste en voyant tous ceux qui ne croient pas en lui.

[Expliquez que cet homme sourd est comme ces disciples – et aussi comme nous – qui n'« entendent » pas lorsqu'on nous explique qui est Jésus.]

> ⯈ *Lorsque Jésus te regarde, soupire-t-il ? Qu'en penses-tu ? Est-il triste parce que tu sais beaucoup de choses sur lui mais ces choses ne changent pas ton cœur ?*

> ⯈ *Aimerais-tu être sourd ? Bien sûr que non ! Mais c'est encore pire d'être « sourd » aux paroles de Jésus (spirituellement sourd). Est-ce un souci pour toi ?*

JÉSUS FAIT UN MIRACLE

📖 *Marc 7:33-35*

Tout d'abord, Jésus commence par montrer à cet homme qu'il peut le guérir. Comme il n'entend pas, Jésus fait deux gestes qu'il peut voir : il met ses doigts dans ses oreilles et il touche sa langue. De cette manière cet homme peut comprendre que Jésus va le guérir.

Jésus lui montre ensuite qu'il a besoin d'un miracle de Dieu. C'est la raison pour laquelle Jésus lève les yeux vers le ciel. Puis il ordonne aux oreilles de cet homme de s'ouvrir et à sa langue de se délier. Et ça marche !

> ⯈ *Quelqu'un qui est sourd ne peut rien faire de lui-même pour guérir de son état. De la même manière, il nous est impossible de croire sans une aide extérieure. Nous avons besoin du miracle de Dieu. Entendre parler de Jésus ne suffit pas. Nous avons besoin que Jésus nous ouvre les oreilles pour nous permettre de comprendre. Et nous avons besoin que Jésus nous ouvre la bouche pour nous permettre de dire à d'autres qui il est.*

> *Demanderas-tu à Jésus de faire cela pour toi ? Demande-le-lui pour toi-même. Demande-le-lui pour tes amis.*

JÉSUS EST MERVEILLEUX

📖 *Marc 7:37*

Ces personnes parlent de Jésus à tout le monde. Elles le trouvent merveilleux.

- Font-elles bien de parler de Jésus à d'autres ? Ne feraient-elles pas mieux de se taire ?

Car elles n'ont pas de véritable amour pour Jésus. Elles ne lui obéissent pas. Celui qui aime Jésus lui obéit.

> ⯈ *Si tu penses que Jésus est merveilleux, tu dois commencer par lui **obéir**. Ne parle pas à d'autres de Jésus si tu n'es pas prêt à lui obéir toi-même.*

> ⯈ *Mais à nous, quand Jésus nous sauve et nous change, il ne nous demande pas de nous taire ! Au contraire, il veut que nous disions à d'autres la vérité concernant ce Jésus merveilleux !*

30 DU PAIN VENU DU CIEL – ENCORE UNE FOIS !

▣ Contexte

Il n'y a de la place dans son Évangile que pour **quelques** histoires. Mais, dans ce cas, comment se fait-il que Marc choisit de raconter **deux** histoires concernant le pain venu du ciel ?

📖 **Marc 6:30-44 et Marc 8:1-10.** Essayez de voir les ressemblances entre ces deux récits.

N'oubliez pas que Marc ne veut pas seulement nous dire **ce qui s'est passé**. Il veut nous faire part d'un **message**. Après tout, il s'agit de l'« Évangile » (la bonne nouvelle) de Marc. Pourquoi donc nous parle-t-il du pain venu du ciel **encore une fois ?**

Remarquez aussi que Jésus se trouve cette fois-ci dans la région des **Gentils** (non-Juifs). Il veut que ses disciples comprennent qui il est. Il veut qu'ils comprennent qu'il est le Sauveur. Il est le Sauveur du **monde**, et pas seulement des Juifs. 📖 **Marc 8:11-21.** Jésus veut qu'ils **comprennent** le sens de ce miracle. Il veut qu'ils voient qui il est.

C'est pourquoi Jésus fait le même miracle une deuxième fois pour les Gentils. C'est pour **montrer aux disciples qui il est.**

▣ Leçon principale

Jésus est venu sauver tout le monde, pas seulement les Juifs.

▣ Un travail à faire

L'histoire est presque la même que dans Marc 6. Marc le fait exprès ! Il veut qu'on voie cela. Ne racontez pas cette histoire de la même manière que la première. Montrez qu'ici Jésus nourrit les Gentils, pas seulement les Juifs.

▣ Notes

- Si vous avez une carte, essayez de retracer la route que prend Jésus pour traverser cette région des Gentils. Il se rend d'abord à **Tyr** (Marc 7:24), traverse ensuite **la Décapole** (Marc 7:31) avant de retourner dans le territoire de **Dalmanoutha** (Marc 8:10), du côté du lac où habitaient les Juifs.

- **Marc 8:8.** Le mot « corbeille » n'est pas le même mot qui est utilisé dans Marc 6:43. Ici c'est le mot qu'utilisaient les Gentils. Les Juifs avaient un mot différent (traduit « paniers », dans Marc 6:43).

LE MÊME AMOUR

📖 *Marc 8:1-3*

As-tu de l'amour pour certaines personnes mais pas pour d'autres ? Cela ne te dérange peut-être pas de savoir que certaines personnes ont faim ? Ce sont peut-être des personnes que tu n'aimes pas particulièrement ? À tes yeux ces personnes n'ont aucune valeur ?

Jésus a le **même amour** pour les Gentils que pour son propre peuple. Cela le dérange de savoir qu'ils ont faim. C'est pourquoi il nourrit 4 000 Gentils, tout comme il avait nourri 5 000 Juifs dans Marc 6. *[Prenez le temps de parler de ces choses. Montrez la manière dont Jésus prend soin de ces personnes. Montrez les ressemblances entre ce miracle et celui de Marc 6.]*

• Essaie d'imaginer ce que peuvent penser les disciples en voyant cela. N'oublie pas qu'ils ne respectent pas les Gentils. Ils pensent que Dieu ne s'intéresse qu'aux Juifs. Essaie d'imaginer leur réaction lorsque Jésus leur demande de servir les Gentils en leur distribuant de la nourriture (Marc 8:6).

⟫ *Jésus veut que les disciples comprennent qui il est. Et toi, comprends-tu qui est Jésus ? Il est le Sauveur qui s'intéresse à tout le monde. Il aime les personnes que toi, tu n'aimes pas. Il se soucie des vieillards comme des enfants. Il aime autant les femmes que les hommes.*

⟫ *Désires-tu recevoir Jésus comme ton Sauveur ? Désires-tu que ceux que tu n'aimes pas le reçoivent aussi comme leur Sauveur ?*

LES MÊMES RÉACTIONS

📖 *Marc 8:4-10*

Les réactions des disciples sont les mêmes que dans Marc 6.

📖 *Marc 8:4.* Aucun d'eux ne dira : « Nous pourrons peut-être leur donner de la nourriture venue du ciel, comme la dernière fois ! » Ils pensent plutôt qu'il est impossible de nourrir une telle foule ! Parce qu'ils ne voient toujours pas qui est Jésus. 📖 *Marc 8:21.*

Les réactions de la foule sont les mêmes que dans Marc 6.

📖 *Marc 8:8,9.* Ils sont rassasiés (ils ont mangé à leur faim). Ils sont contents parce que Jésus les a nourris. Mais ils sont aussi contents de se séparer de lui ! Ils sont comme les 5 000 Juifs que Jésus a nourris lors du premier miracle. Ils apprécient le miracle. Mais ils ne voient pas qui est Jésus. Aucun d'eux ne dira : « *Si Jésus peut nous donner du pain et des poissons, cela veut dire qu'il est Dieu. Il n'est pas venu seulement pour les Juifs mais aussi pour nous !* » C'est pourquoi ils ne suivent pas Jésus. Ils préfèrent juste rentrer chez eux.

⟫ *On nous raconte beaucoup de choses au sujet de Jésus. Et nous aimons entendre parler de lui.*

Nous croyons que ces histoires sont vraies. Mais avons-nous vraiment compris qui est Jésus ? Et dans ce cas, comment cela se verra-t-il dans nos vies ?

31 SOURDS ET MUETS ET LES CŒURS ENDURCIS

◉ Contexte

Bientôt les disciples verront qui est Jésus. 📖 *Marc 8:29.* Ils finiront par comprendre ! Mais **comment** comprendront-ils ?

Marc nous montre que les disciples ont besoin d'un **miracle.** Dans Marc 8:11-21, ils restent incapables de voir qui est Jésus. Leurs cœurs sont encore trop durs. Ils ne croient pas. Remarquez les ressemblances avec les Pharisiens !
📖 *Marc 3:5 ; 6:52 ; 7:17, 18.*

Avant d'aller plus loin, lisez
📖 *Marc 8:11, 12, 15, 17, 18, 21.*

◉ Leçon principale

Nos cœurs sont durs, tout comme ceux des disciples. Nous aussi, nous avons besoin d'un miracle afin de croire en Jésus.

✦ Un travail à faire

Il est difficile d'accepter que **nous** puissions faire partie des personnes qui haïssent Jésus. Mais Jésus prévient ses disciples qu'ils ne doivent pas être comme les Pharisiens ou comme Hérode. Les disciples ne haïssent pas Jésus. Mais **leurs cœurs sont aussi durs** que ceux des ennemis de Jésus.

Qu'en est-il de **nos cœurs** ? Sommes-nous comme ceux qui n'ont aucun intérêt pour Jésus ? Aidez vos auditeurs à comprendre qu'ils ont besoin d'un miracle qui change leurs cœurs.

◉ Notes

- **Marc 8:15.** On met du « levain » dans une pâte pour faire du pain. C'est le levain qui permet à la pâte de lever. Et il faut très peu de levain pour faire lever toute la pâte. Voilà pour l'image. Jésus dit à ses disciples : « Faites très attention ! Le « **levain** » des Pharisiens peut affecter vos vies. Et vous aurez des **cœurs durs** comme eux. »

- **Marc 8:15.** « Hérode ». Hérode est le nom d'un roi nommé par les Romains pour régner sur cette région. Les Romains ne croyaient pas en Dieu, le Dieu des Juifs. Et ils ne croyaient pas en Jésus.

PRENEZ GARDE !

📖 *Marc 8:11-15*

Nous pouvons commencer à ressembler aux personnes qui nous entourent !

- À qui ressembles-tu ? Commences-tu peut-être à ressembler à ton mari ou à ta femme ? Ressembles-tu à tes parents ou à un ami ? Il nous arrive de penser comme eux, de parler comme eux.

Jésus dit : « Faites attention ! Prenez garde ! » Car, même si les disciples savent que les Pharisiens haïssent Jésus, ils ne sont pas à l'abri du danger pour autant. Les disciples ont commencé à penser comme les Pharisiens.

- Qui sont les personnes autour de nous qui ont de mauvaises pensées à propos de Jésus ? (des personnes à la télévision ou à la radio, des hommes politiques, des enseignants dans les écoles, des amis ?) Commences-tu à penser comme ces personnes à propos de Jésus ?

Comment réfléchissent les Pharisiens ?

📖 *Marc 8:11, 12.* Jésus est triste parce qu'il sait à quel point leurs cœurs sont endurcis. Ils ne veulent pas croire en Jésus. Ils veulent juste le mettre à l'épreuve. Et ils veulent influencer le peuple contre lui.

> ⨃ *Jésus dit : « Prenez garde au levain ! » Ce levain risque d'affecter nos vies. Nous pouvons commencer à ressembler aux personnes de notre entourage. Nos cœurs peuvent devenir durs. Nous devenons lents à croire en Jésus.*

DES CŒURS ENDURCIS

📖 *Marc 8:16-21*

Les disciples ne comprennent pas ce que dit Jésus. Ils pensent qu'il leur parle de pain ! Alors Jésus leur pose deux questions :

1.« Ne vous rappelez-vous pas ? »
📖 *Marc 8:18-20*

Bien sûr qu'ils se rappellent de ces choses ! Mais le problème est qu'**ils n'en ont pas appris la leçon.** Ils ne voient toujours pas qui est Jésus. Ils ne croient toujours pas en lui.

> ⨃ *Te rappelles-tu de tout ce que tu as appris concernant Jésus ? Et cela transforme-t-il ta vie ? As-tu **confiance en** Jésus aujourd'hui ?*

2.« Ne comprenez-vous pas encore ? »
📖 *Marc 8:18-20*

Non, ils ne comprennent toujours pas. Ils sont comme des aveugles et des sourds. Ils ont entendu Jésus leur dire beaucoup de choses. Ils ont vu Jésus faire beaucoup de choses. Mais ils ne comprennent toujours pas. Leurs cœurs restent endurcis. Et ils ont besoin d'un miracle pour que cela change.

> ⨃ *Tu sais peut-être beaucoup de choses au sujet de Jésus. Mais Jésus a-t-il opéré un miracle dans ton cœur ?*
>
> *Jésus t'a-t-il transformé intérieurement ? T'a-t-il donné la foi nécessaire pour croire en lui ?*
>
> *Si non, demandes-lui de le faire sans tarder !*

32 PIERRE VOIT !

[▫] Contexte

Les disciples sont encore aveugles. Ils sont incapables de voir qui est Jésus. Ils ont besoin d'un miracle.

Et c'est justement d'un miracle que Marc va parler dans la suite du récit ! [📖] **Marc 8:22-26.** Un aveugle retrouve la vue. Et il s'agit une fois de plus d'un miracle qui transmet un **message** (comme dans Marc 7:31-35). Car tout de suite après ce miracle, Pierre nous montre qu'il voit ! Il voit que Jésus est le Christ, le Sauveur.

[📖] **Marc 8:27-30.**

Marc 8:29 est la réponse à la grande question posée tout au long de Marc 1 à 8 : « Qui est Jésus ? » **Jésus est le Christ !**

QUI EST JÉSUS ?	POURQUOI JÉSUS EST-IL VENU ?
Marc chapitres 1-8	Marc chapitres 9-16

[▫] Leçon principale

Pierre dit que Jésus est le Christ

[▫] Notes

- **Marc 8:23, 26.** Jésus conduit cet homme hors du village. Et après le miracle, il lui demande de ne pas y retourner. Jésus ne veut pas qu'on ébruite ce miracle. C'est un miracle destiné à faire réfléchir les **disciples**.

- **Marc 8:23-25.** Pourquoi Jésus touche-t-il les yeux de cet homme **deux fois** ? Ce n'est pas parce que le miracle n'a pas réussi la première fois. Cela a toujours été

l'**intention de Jésus** de faire ce miracle en deux étapes. Parce que le miracle transmet un **message**.

Les disciples sont comme cet homme. Bientôt ils retrouveront la vue – mais ils ne verront qu'à moitié ! Pierre voit que Jésus est le Christ. Mais il ne voit pas encore que le Christ doit mourir (Marc 8:31, 32). Pierre est comme cet homme dans Marc 8:24. Pendant tout le reste de l'Évangile, les disciples restent à moitié aveugles. Jésus continue à les enseigner, mais ils ne verront pas bien le sens de ce qu'il leur dit. Ils ne comprendront parfaitement que lorsque Jésus ressuscitera d'entre les morts.

- **Marc 8:29.** Pierre voit que Jésus est le **Christ** (le Messie), promis par Dieu dans l'Ancien Testament. Il voit que Dieu a envoyé Jésus afin de sauver son peuple.

- **Marc 8:30.** Il ne faut pas qu'ils parlent au peuple parce que le peuple a une fausse idée concernant « le Christ ». Avant de parler du Christ à d'autres, il faut d'abord qu'ils voient ce que le Christ est venu faire.

UNE QUESTION IMPORTANTE

📖 *Marc 8:23, 27, 29*

⊕ Tout le monde veut voir ! Comment te sens-tu lorsque tu n'arrives pas à voir ? Mettons-nous à la place de cet homme. Comme tout le monde, il a un profond désir de voir !

Jésus a fait un miracle. Cet homme aveugle commence à retrouver la vue. Puis Jésus lui pose une question importante : « Vois-tu quelque chose ? » Il est tout excité : il peut voir des gens !

Jésus pose aussi une question importante à ses **disciples**. Jusqu'ici, eux aussi sont aveugles. Comprennent-ils maintenant ? Sont-ils encore comme les autres qui ne voient pas qui est Jésus ?

📖 *Marc 8:27, 28.*

Ou ont-ils changé enfin ? Leurs yeux sont-ils maintenant ouverts ? 📖 *Marc 8:29*.

> ⧉ *Jésus nous pose la même question aujourd'hui. Beaucoup de personnes ont beaucoup d'idées sur lui, mais Jésus te pose la question à toi. Que dis-tu de Jésus ? Jésus t'a-t-il déjà ouvert les yeux ? Vois-tu aujourd'hui des choses qu'autrefois tu ne comprenais pas ? Lorsqu'on te posera ces questions, que répondras-tu ?*

UNE RÉPONSE IMPORTANTE

📖 *Marc 8:29*

« Je vois ! » Ce sont les meilleures paroles que cet aveugle n'ait jamais prononcées ! À partir de ce jour, sa vie est transformée.

« Tu es le Christ ! » Ce sont les meilleures paroles que Pierre n'ait jamais prononcées ! Il sait que ce qu'il dit est vrai. Et il sait que c'est important. Dieu a envoyé son Sauveur. Et Pierre a cru en lui. Beaucoup de personnes disent beaucoup de choses sur Jésus. Mais Pierre connaît la vérité. Et il n'a pas peur de le dire.

> ⧉ *Crois-tu que Jésus est le Christ, le Sauveur ? Et penses-tu que ce soit important ? Tellement important que cela transforme ta vie ? Tellement important que tu as le désir d'en parler à d'autres ? Et parce que Jésus est le Sauveur, comme Pierre tu mettras ta foi en lui et tu te mettras à le suivre.*

> ⧉ *Mais peut-être es-tu comme Pierre et tu ne vois qu'à moitié ? Il reste encore beaucoup de choses que tu ne comprends pas encore. Alors, commence avec les choses que tu comprends. N'aies pas peur de dire à d'autres que tu crois en Jésus, le Sauveur. Et au fur et à mesure que tu avances avec Jésus, il te fera voir de plus en plus de choses.*

33 LE CHEMIN DE LA CROIX

▣ Contexte

Maintenant les disciples voient qui est Jésus. Pierre l'a dit clairement : « Tu es le Christ. »

Mais ils ne voient qu'à moitié. Ils ne comprennent pas encore pourquoi « le Christ » est venu. Ils pensent que bientôt Jésus aidera les Juifs à se débarrasser des Romains. Ils pensent que Jésus deviendra leur Roi et qu'il régnera à Jérusalem. Ils espèrent qu'ils auront des places importantes à ses côtés.

Mais ils se trompent ! Il va falloir donc qu'ils écoutent Jésus. Et il va falloir qu'ils suivent « le Christ » sur un tout autre chemin.

La deuxième partie de l'Évangile de Marc nous montre **ce que Jésus est venu faire.**

▣ Leçon principale

Le véritable chrétien (qui est un adepte du *christ*ianisme) suit le *Christ* sur le chemin de la croix.

✶ Un travail à faire

Beaucoup de personnes aiment dire qu'elles sont chrétiennes. Mais Jésus nous montre que nous ne pouvons être chrétiens que si nous le suivons sur le chemin de la croix. Beaucoup refusent d'accepter cela. Ils recherchent une vie chrétienne facile. Ils viennent à Jésus seulement dans l'espoir de recevoir de lui de bonnes choses. Ils veulent suivre Jésus **à leur manière**. Jésus dit à ces personnes qu'elles se trompent. Il n'y a qu'une manière de suivre Jésus et c'est la manière que nous indique Jésus lui-même.

• Comment pourrez-vous aider vos auditeurs à comprendre cela ?

Ces versets sont très importants. Il est possible de prêcher plusieurs sermons sur ce texte.

▣ Notes

• **Marc 8:31.** Pour parler de lui-même, Jésus utilise l'expression : « le Fils de l'homme ». En disant cela, Jésus ne signifie pas seulement qu'il est un homme ! Jésus veut montrer aussi qu'il est le puissant « Fils de l'homme » annoncé par le prophète Daniel. 📖 *Daniel 7:13, 14.* Jésus ira à la croix. Mais nous ne devons pas oublier qu'il **est** le puissant Roi divin. Et un jour il régnera sur toutes choses.

• **Marc 8:33.** Jésus appelle Pierre « Satan » parce que ses paroles s'opposent au plan de Dieu. Il pense comme Satan et non pas comme Dieu. Pierre doit apprendre à accepter le plan de Dieu. Selon ce plan, il faut que Jésus aille à la croix. Et Pierre ne doit pas essayer de l'en empêcher ! C'est pourquoi Jésus le « reprend sévèrement » (il lui dit qu'il a tort).

QUEL TYPE DE CHRIST ?

📖 *Marc 8:31-33*

⊕ À qui aimerais-tu ressembler ? Qui est ton « héro » ? Qui sont ceux que tu admires ?

Nous avons tendance à vouloir suivre quelqu'un qui est fort, quelqu'un qui connaît le succès. Personne ne suit un homme que les gens haïssent et veulent tuer ! Nous sommes comme les disciples. Ils veulent aider Jésus à devenir le Roi du monde. Ils ne veulent pas l'accompagner à la croix.

Comprends-tu la réaction de Pierre ? Il sait que Jésus est le Roi envoyé par Dieu. Il sait qu'il est « le Christ ». Il ne peut donc que réussir ! Comment donc peut-il **échouer** ? Comment Jésus peut-il mourir ? Pierre pense que cela est impossible.

Mais Jésus est une différente sorte de roi, une différente sorte de héro. C'est parce qu'il accepte de laisser les hommes le mettre à mort sur la croix qu'il est grand. C'est parce que Jésus est mort pour nos péchés que nous le suivons. Un jour tout le monde verra que Jésus est le Roi. Jésus reviendra comme un Roi puissant (Marc 8:38). Mais d'abord, beaucoup le rejetteront (ne voudront pas de lui). Les hommes ne voudront pas de Jésus comme leur Roi. Ils le feront mourir à la croix.

> ≫ *Voudras-tu suivre Jésus ? Suivras-tu ce Jésus que les hommes haïssent ? Lorsque tu entendras des gens dire du mal de lui, seras-tu prêt à dire fort et haut : « Jésus est mon Sauveur et mon Roi » ?*

QUEL TYPE DE CHRÉTIEN ?

📖 *Marc 8:34-38*

Il n'y a qu'une sorte de vrai chrétien. Un chrétien (un adepte du **christ**ianisme) suit le **Christ**. Christ est mort sur la croix. Et Jésus nous explique ce que cela signifie pour nous. *[Essayez de trouver des images pour illustrer chacun de ces enseignements. Réfléchissez à la signification de ces choses pour les disciples. Réfléchissez à leur signification pour nous aujourd'hui. Quelles en sont les implications réelles pour nos vies de tous les jours ?]*

- **Non pas moi, mais Jésus.** 📖 *Marc 8:34.* Quand je dis « oui » à Jésus, je dis « non » à moi-même. Je ne suis pas chrétien parce que c'est une bonne chose pour **moi**. Je marche à la suite de **Jésus**, quoi que cela me coûte.

- **Non pas la vie, mais la croix.** 📖 *Marc 8:34, 35.* J'abandonne ma vie à Jésus. Je ne pense plus en termes de **mon** temps, **mes** besoins, **ma** famille, **ma** vie. Parce que j'appartiens désormais à Jésus, je suis prêt à souffrir. Parce que Jésus est mort à la croix, je suis prêt à mourir pour lui.

- **Non pas le monde, mais l'Évangile.** 📖 *Marc 8:35, 36.* Celui qui suit Jésus ne cherche plus à devenir très riche ou à avoir une belle maison. Ces choses n'ont plus d'importance parce que Jésus a sauvé mon « âme » (le vrai « moi » qui vivra éternellement). Maintenant ce qui est important c'est d'annoncer l'Évangile aux autres. Tout le monde doit entendre la bonne nouvelle de Jésus.

> ≫ *Es-tu un vrai chrétien ? Quel type de chrétien es-tu ? C'est seulement de cette manière qu'on peut vraiment être chrétien. Mais si nous ne suivons pas Jésus sur le chemin de la croix, que pensera-t-il de nous ?*
> 📖 *Marc 8:38*

34 UN SPECTACLE EXTRAORDINAIRE

⬛ Contexte

Les disciples voient enfin que Jésus est le Christ, le Fils de Dieu. Maintenant, dans cette deuxième partie de l'Évangile de Marc, Jésus leur fait comprendre que le Christ doit **mourir**. Et il leur montre qu'ils doivent être prêts, eux aussi, à lui abandonner leurs vies. C'est ce qu'il leur apprend dans **Marc 8:31-38**. Et maintenant il continue ce même enseignement.

Nous avons ici une première leçon pour trois de ses disciples. Jésus leur **manifeste sa puissance et sa gloire**. Son intention d'aller à la croix n'est pas une erreur. Jésus **est** le Fils de Dieu. Et il est puissant ! Bientôt il régnera comme Roi dans le royaume de Dieu. Mais ce sera **après** la croix. 📖 *Marc 9:1-13.*

⊙ Leçon principale

Jésus est le Fils de Dieu. Il a la puissance de vaincre la mort et de revenir à la vie. Alors écoutons-le ! Faisons-lui confiance !

✳ Un travail à faire

N'oubliez pas que les disciples ont peur. Ils ne comprennent pas lorsque Jésus leur parle de la croix. Jésus veut qu'ils croient ce qu'il leur dit. Mais pour ces disciples, ce que leur dit Jésus n'a pas de sens. Aidez vos auditeurs à voir que nous devons toujours croire ce que nous dit la Bible. Dans quels types de situations vos auditeurs auront-ils du mal à écouter Dieu ?

⬛ Notes

• **Marc 9:1.** Quelque chose va se passer qui montrera aux disciples la puissance de Jésus. Jésus parle peut-être de sa résurrection d'entre les morts, de l'envoi du Saint Esprit ou de la destruction de Jérusalem en l'an 70 apr. J.-C. Nous ne pouvons pas le savoir. Mais la chose à retenir est qu'ils **verront la puissance de Jésus**. Et maintenant Jésus aide trois d'entre eux à croire que cela arrivera. C'est la raison pour laquelle il les prend avec lui sur la montagne.

• **Marc 9:2-3.** Cet événement est parfois appelé « *La Transfiguration* ». Ceci veut dire que Jésus a changé d'apparence (il a été « transfiguré »). Il brillait d'un tel éclat que cela faisait mal aux disciples de le regarder.

• **Marc 9:4. Elie** et *Moïse* représentent les **prophètes** et *la Loi*. C'est comme si tout l'Ancien Testament se tenait debout aux côtés de Jésus. Elie et Moïse approuvent ce que dit Jésus et sont d'accord avec lui.

• **Marc 9:11-13.** Dans l'Ancien Testament, le prophète Malachie annonce qu'Élie viendra avant la venue du Christ. Jésus explique qu'Élie **est** venu. Selon Jésus c'est Jean-Baptiste qui accomplit cette prophétie. C'est lui l'« Élie » dont la venue est annoncée par Malachie (Matthieu 11:14).

JÉSUS EST VRAIMENT LE FILS DE DIEU !

📖 *Marc 9:2-7*

⊕ T'est-il arrivé d'assister à un spectacle comme un grand concert, un festival ou un grand rassemblement ? *[Essayez de trouver un exemple.]* Tu y as peut-être vu des choses merveilleuses. Cela t'a beaucoup plu.

Jésus choisit trois de ses disciples pour les inviter à un grand spectacle. Mais cette fois-ci le spectacle est le plus extraordinaire qu'ils aient vu de toute leur vie ! Mais Jésus ne les invite pas à ce spectacle pour leur amusement. Il les y invite pour leur apprendre deux choses :

1. **Jésus va mourir sur la croix.**

2. **Jésus est le Fils de Dieu.**

Jésus veut que ses disciples croient ces deux vérités et ne les séparent pas l'une de l'autre.

• Comment leur expérience sur la montagne peut-elle les aider à comprendre ces deux leçons ?

Tout d'abord, ils ne comprennent pas ce qui se passe. Ils ont tellement peur qu'ils disent n'importe quoi. 📖 *Marc 9:5, 6.* Mais ils entendent ce que leur dit Dieu du ciel. 📖 *Marc 9:7.* Et jamais ils n'oublieront la gloire et la puissance de Jésus. Il brillait d'un tel éclat, d'une telle blancheur ! Ce qu'a dit Pierre (Marc 8:29) doit être la vérité – Jésus est vraiment le Christ, le Roi, le Fils de Dieu.

📖 *Jésus veut que nous croyions ces deux choses. 1. Il est vrai qu'il est mort d'une mort atroce sur la croix. 2. Et il est vraiment le Fils de Dieu.*

Il est le Roi. Et un jour tout le monde le verra, brillant comme le soleil. Crois-tu cela ?

ALORS, ÉCOUTEZ-LE !

📖 *Marc 9:7-10*

• *Qui écoutes-tu ? Qui crois-tu ? En qui mets-tu ta confiance ?*

Les disciples sont lents à croire en Jésus. Pierre ose même lui dire son désaccord et le corriger ! (Marc 8:32) Maintenant la voix de Dieu se fait entendre du ciel : « Écoutez mon Fils ! » Élie et Moïse sont là aussi. C'est comme si Dieu disait à ces disciples : « L'Ancien Testament est d'accord avec Jésus. » Les disciples croient ce que leur dit l'Ancien Testament. Mais ils ne sont pas prêts à croire tout ce que leur dit Jésus.

Ils doivent croire Jésus lorsqu'il leur dit qu'il doit mourir. Ils doivent croire Jésus lorsqu'il leur dit qu'il doit ressusciter d'entre les morts. Ce ne sera pas facile. C'est tellement différent de tout ce qu'ils ont cru et pensé jusqu'ici.

📖 *Nous aussi, nous devons toujours croire tout ce que nous dit Jésus dans la Bible.*

📖 *Souviens-toi de la voix de Dieu qui vient du ciel ! Écoute le Fils de Dieu ! Un jour Jésus reviendra. Il brillera comme le soleil. Et, ce jour-là, il voudra savoir si tu l'as écouté. [Faites en sorte que vos auditeurs soient interpellés par ces choses.]*

35 PAS DE FOI, PAS DE PUISSANCE

◉ Contexte

La principale chose que Jésus veut apprendre à ses disciples est ceci : leur Messie doit **mourir**.

📖 **Marc 8:31.** Jésus redira la même chose dans Marc 9:31 (et aussi dans Marc 10:33, 34).

Quel rôle **Marc 9:14-29** joue-t-il dans ce contexte ? Comment cette histoire apprend-elle aux disciples à croire ce que Jésus leur dit ?

Jésus vient de faire voir **sa puissance** à trois de ses disciples.

Ils doivent écouter Jésus et faire confiance à son plan. 📖 **Marc 9:1-13.**

Ici Jésus descend de la montagne et retrouve les autres disciples. Comment se sont-ils débrouillés en son absence ? 📖 **Marc 9:14-29.** Ils n'ont pas mis leur foi en lui !

◉ Leçon principale

Nous ne pouvons rien faire si nous ne mettons notre foi en Jésus.

⊞ Un travail à faire

1. Seul Jésus a le pouvoir de nous guérir. Seul Jésus a le pouvoir de dire aux démons de s'en aller.
   Nous, nous pouvons **demander** à Jésus de nous guérir ou de dire aux démons de partir.
   Mais nous ne pouvons pas faire ces choses par nous-mêmes.
   📖 **Marc 9:29.**

   Pensez-vous devoir expliquer ceci à vos auditeurs ?

2. Parfois nous entendons dire que ce qui nous manque est une foi plus grande. Dans cette histoire, le père nous montre que la chose la plus importante est la puissance de **Jésus**. Encouragez toujours vos auditeurs à regarder à Jésus et non pas à eux-mêmes.

◉ Notes

- **Marc 9:17, 18, 20.** Cet homme a un mauvais esprit. Il ne s'agit pas d'épilepsie. Il est vrai que l'épilepsie ressemble à ce qui est décrit dans Marc 9:18. Mais cet homme a un mauvais esprit. Et nous ne devons pas penser qu'une personne atteinte d'épilepsie a un mauvais esprit. Nous soignons l'épilepsie par la médecine.

SANS LA FOI EN JESUS : PAS DE PUISSANCE !

📖 *Marc 9:14-19.*

Jésus vient de passer du temps sur la montagne. Trois de ses disciples ont vu de leurs yeux sa grande puissance. En descendant de la montagne, que vont-ils trouver ?

Tout laisse à penser que le diable est au contrôle. Ce petit garçon a un mauvais esprit qui l'agite d'une façon épouvantable. Les disciples ne peuvent rien faire. Et les foules se disputent !

Si les disciples sont impuissants face au mauvais esprit, c'est **parce qu'ils manquent de foi en Jésus.** 📖 *Marc 9:18, 19.*

Leur problème est qu'ils ne croient pas ce que Jésus leur dit. Il leur a appris qu'il doit bientôt mourir et ressusciter d'entre les morts. Mais ils ne le croient pas. Si nous ne croyons pas que Jésus est mort et ressuscité pour nous, nous n'aurons aucune puissance. Seule la puissance de la mort et de la résurrection de Jésus peut vaincre le diable !

> 🗩 *Le diable veut contrôler ta vie. Il est rare qu'il entre en nous comme il est entré en ce petit garçon. Mais il nous contrôle d'autres manières. [Expliquez comment le diable nous contrôle. Donnez-en des exemples : la peur de la sorcellerie, l'amour de l'argent.] Si tu n'as pas de foi en Jésus, tu ne peux avoir aucun pouvoir contre le diable.*

> 🗩 *Mais beaucoup d'entre nous croyons très sincèrement en Jésus. Malheureusement nous oublions souvent de mettre notre foi en lui. Par conséquent, nous manquons de puissance dans nos vies. Nous sommes comme un poste de radio sans piles ou comme une télévision sans électricité. Nous avons besoin de prier et de nous confier dans la puissance de Jésus.* 📖 *Marc 9:29.*

AVEC LA FOI EN JÉSUS : UN ENFANT GUÉRI !

📖 *Marc 9:20-29.*

Ce pauvre père ne sait pas si Jésus a suffisamment de puissance ou non pour guérir son fils ! Bien sûr qu'il a la puissance nécessaire ! Mais ce père, lui, a-t-il suffisamment de **foi** dans la puissance de Jésus ? 📖 *Marc 9:22, 23.*

• Quelle mesure de foi cet homme doit-il manifester pour voir Jésus guérir son fils ? 📖 *Marc 9:24.*

Peut-être que ce père ne croit pas comme il devrait, mais Jésus est content de le voir manifester sa foi en lui. Il renvoie le mauvais esprit tout de suite, et l'enfant est guéri.

> 🗩 *As-tu l'impression que ta foi est faible ? Penses-tu être comme cet homme ? N'aie pas peur. Demande à Jésus de te pardonner ton manque de foi. Puis commence à placer ta petite foi dans la grande puissance de Jésus. Ne passe pas ton temps à penser à **ta** faiblesse. Passe ton temps à penser à **Jésus**. Mets ta foi dans son immense amour et dans sa grande puissance. Il entendra ta prière ! Et tu verras sa puissance à l'œuvre dans ta vie.*

36 PETIT OU GRAND ?

▣ Contexte

Les disciples ont compris que Jésus est le Christ. Maintenant Jésus veut leur faire comprendre ce que cela signifie. Quel type de Christ est-il ?

C'est pourquoi…

- Jésus leur parle à nouveau du plan de Dieu et de sa mort. 📖 **Marc 9:30-32.**

- Jésus leur parle à nouveau de leur vie de disciples. S'ils veulent suivre le Christ, ils doivent lui ressembler. Ils doivent accepter de se faire tout petits.
  📖 **Marc 9:33-41.**

Ceci est le contexte de Marc 8, 9 et 10. Ces deux choses sont difficiles à comprendre. Pour les disciples, cet enseignement est totalement différent de tout ce qu'ils pensaient entendre. C'est pourquoi Jésus devra leur redire ces choses à de nombreuses reprises.
📖 **Marc 8-10.**

▣ Leçon principale

Jésus appelle les chrétiens à être des serviteurs, à être petits et à être les derniers.

⊗ Un travail à faire

Ce n'est pas facile de prêcher sur ces choses. Dans la plupart des églises, il y a des personnes qui s'estiment importantes. Souvent ce sont des personnes qui ont de l'argent ou qui possèdent des terres. Parfois ce sont les anciens ou les diacres. Et ces personnes auront beaucoup de mal à accepter ces paroles de Jésus. Priez que Dieu vous aide à prêcher la vérité. Demandez-lui sa douceur. Demandez à Dieu d'aider les « grands » à devenir « petits ».

Il se peut que vous ayez vous-même besoin d'apprendre ces mêmes leçons. Si nous sommes appelés à prêcher la Parole, nous ne devons pas oublier que nous sommes des serviteurs de Dieu. Nous ne devons pas nous prendre pour des personnes importantes. Nous voulons que ceux qui nous écoutent apprennent à aimer Jésus. Nous ne devons pas nous estimer supérieurs à nos auditeurs.

▣ Notes

- **Marc 9:36, 37.** Ne pensons pas que Jésus aime les enfants plus que les adultes. Il utilise l'exemple de ces enfants pour enseigner une leçon. Il veut que nous recevions toute personne prête à se faire toute petite. Un « petit enfant » est toute personne qui ressemble à un petit enfant. Ce « petit enfant » n'a pas peur de ce que d'autres peuvent penser de lui. Jésus reçoit ce genre de personne dans sa famille. Nous ressemblons à Jésus lorsque nous recevons, nous aussi, ceux qui sont « petits ». Jésus dit qu'en faisant cela c'est comme si nous le recevions lui-même !
  📖 **Marc 10:13-16.**

JÉSUS EST-IL GRAND OU PETIT ?

📖 *Marc 9:30-32*

Nous savons que Jésus est plus grand que nous tous ! Mais, malgré cela, Jésus s'est fait **petit.** Jésus a laissé tout le monde penser qu'il n'était rien. L'un de ses disciples le vendra à l'ennemi (le « trahira ») et Jésus ne dira rien. Jésus a laissé les gens le haïr et le mettre à mort sur la croix. **Jésus est le type de Christ qui se fait tout petit.**

> ⏩ *Cela nous fait-il aimer Jésus ? Louons ce Jésus qui a accepté d'être considéré comme rien.*

SOMMES-NOUS GRANDS OU PETITS ?

📖 *Marc 9:33-35*

- Comment réagis-tu à la discussion des disciples et aux paroles de Jésus ?

Jésus vient de dire à ses disciples qu'il va se faire « petit ». Mais les disciples parlent de devenir « grands ». Cela l'attriste beaucoup !

Les disciples désirent être des personnages importants dans le royaume de Dieu. Ils veulent les meilleures places. Ils veulent que tout le monde sache qu'ils sont importants. Et parfois nous aussi, nous pouvons être comme eux. *[Parlez des différentes façons dont nous pouvons être comme eux.]*

> ⏩ *Désires-tu plaire à Jésus avant toute autre chose ? Dans ce cas, nous devons être les « derniers ». Nous devons être des « serviteurs ». Nous devons faire comme lui. [Parlez de ce que cela signifie pour nos vies.]*

ACCUEILLONS-NOUS LES GRANDS OU LES PETITS ?

📖 *Marc 9:36-41*

Tout comme les disciples, nous aussi nous pouvons avoir des projets pour devenir grands. Mais Jésus ne veut pas de cela. Il ne veut pas que nous pensions à nous-mêmes. Il veut que nous nous occupions des gens qui sont importants pour lui. Mais de qui s'agit-il ?

Si nous sommes « petits », nous dit Jésus, nous accueillerons les gens qui sont « petits ». *[Expliquez que cela ne veut pas dire que nous accueillons seulement des enfants.]*

Les disciples pensent que Jésus est quelqu'un de beaucoup trop important pour faire attention à des enfants ! Mais Jésus, lui, veut que nous fassions attention **à tout le monde**. Il veut que nous recevions ceux qui sont « petits ».

> ⏩ *Qui sont les personnes dont nous ne nous soucions pas ? Jésus, lui, se soucie d'elles ! Il veut que nous leur annoncions la bonne nouvelle. Nous devons les accueillir et leur montrer que Jésus les accueille aussi.*

Que penses-tu de la réaction de Jean dans Marc 9:38 ? Il sait qu'il n'a pas accueilli cet homme – mais il pense avoir bien fait ! Jean veut garder le pouvoir pour lui seul. Mais Jésus nous dit de recevoir tous ceux qui le servent.

37 LA MENACE DE L'ENFER

◉ Contexte

Les disciples veulent être « grands ». Jésus veut qu'ils soient « petits ». Les disciples ne doivent pas penser qu'ils auront les meilleures places dans le royaume de Dieu. Jésus veut leur faire comprendre que tout le monde compte à ses yeux. Jésus s'intéresse même aux petits enfants.

📖 **Marc 9:33-41.**

La manière de réfléchir des disciples est très **dangereuse** –

📖 **Marc 9:42-50**

◉ Leçon principale

Assures-toi que tu n'iras pas en enfer ! Mieux vaut tout perdre plutôt que d'aller en enfer !

⊞ Un travail à faire

Notre but n'est pas de faire peur à ceux qui sont véritablement chrétiens. Un vrai chrétien n'ira pas en enfer. Mais d'autres personnes ont besoin d'être averties. Il y a des gens qui pensent être chrétiens depuis longtemps. Mais si ces personnes ne changent leur façon de voir, elles iront en enfer.

◉ Notes

• **Marc 9:42.** On se servait des meules pour écraser les grains de blé pour en faire de la farine. C'étaient de grosses pierres lourdes.

• **Marc 9:43-47.** Ces images nous parlent de l'importance de résister au péché avec force. Jésus veut que nous fassions tous nos efforts pour arrêter la progression du péché dans nos vies. Le péché est quelque chose de dangereux. Parce qu'il nous conduit en enfer ! Mais Jésus **ne veut pas** que nous nous blessions vraiment ! Si nous nous coupons la main, cela ne nous empêchera pas de pécher. Jésus nous apprend que le péché vient du cœur. Le péché est **en nous**.

📖 **Marc 7:21.**

• **Marc 9:49.** « En effet, chacun doit être purifié (nettoyé) par le feu et préparé pour Dieu comme on prépare l'offrande du sacrifice avec du sel » (traduction de Parole Vivante). Dieu est comme un feu. Il est pur et il est saint. Nous ne pouvons nous tenir devant Dieu que si Jésus nous a rendus purs.

• **Marc 9:50.** Un bloc de sel peut perdre son goût salé ! La pluie enlève le goût salé et ce qui reste est inutile. Un chrétien peut ressembler à ce sel. Nous pouvons avoir l'*apparence* du « sel » mais *en nous* il n y a plus de sel. Nous pouvons avoir l'apparence d'être chrétien, mais nous ne ressemblons pas du tout à Jésus.

NE FAITES PAS DE MAL À MES PETITS !

📖 *Marc 9:42*

⊕ *Pensons au monde des animaux. Un animal se fâche sérieusement si on touche à l'un de ses petits.*

Jésus réagit de la même manière avec nous. Toute personne qui croit en lui est unique et précieuse à ses yeux. Jésus se fâche sérieusement si quelqu'un touche à l'un de ses « petits » !

T'est-il arrivé de faire tomber quelqu'un en le poussant ou en le faisant trébucher ? Si nous voulions faire cela à un jeune chrétien, comment nous y prendrions-nous ? Qu'est-ce qui pourrait le faire tomber dans le péché ? Qu'est-ce qui pourrait le détourner de Jésus ? (Quelques réponses possibles - nous pouvons être un mauvais exemple, nous pouvons manquer de gentillesse, en parler en mal…)

Pourquoi Jésus met-il ses disciples en garde contre ces choses ? C'est parce que les disciples se prennent pour des gens importants. Et ils **ne veulent pas recevoir** ces petits que Jésus affectionne. Mais en agissant ainsi ils empêchent ces petits de s'approcher de Jésus. Si les disciples ne changent pas de comportement, Jésus se fâchera sérieusement ! Et il est préférable d'être noyé dans la mer que de voir Jésus en colère.

NE CHOISISSEZ PAS L'ENFER !

📖 *Marc 9:43-50*

Les disciples ne comprennent toujours pas. Et s'ils ne changent pas, ils iront en enfer. Ils sont en grand danger. Ces disciples ont toujours ce désir d'être les personnes les plus importantes dans le royaume de Jésus. Mais ils ont besoin de mettre cette pensée complètement de côté. Si nous avons un tel désir d'être important, nous ne pourrons pas **entrer** dans le royaume de Jésus. Et cela veut dire que nous irons en enfer.

> ⫸ *Qu'en penses-tu ? N'est-ce pas mieux de n'être **rien** que d'aller en enfer ? N'est-ce pas mieux de perdre une jambe ou un œil plutôt que d'aller en enfer ? N'est-ce pas mieux d'être haï par les gens plutôt que d'aller en enfer ?*

[Parlez de l'enfer. À quoi cela ressemble-t-il ? 📖 *Marc 9:48. Parlez-en avec douceur mais aussi avec sérieux. Ne criez pas ! Montrez à vos auditeurs que vous les aimez et que vous ne voulez pas qu'ils aillent en enfer. L'enfer est un feu qui ne s'éteint pas (qui brûle toujours). L'enfer est une douleur qui ne s'atténue pas (qui fait mal toujours). C'est comme un ver qui vous mange de l'intérieur.]*

📖 *Marc 9:50.* Nous devons être des chrétiens **vrais**. Cela ne sert à rien d'avoir une apparence de sel si on n'a pas le goût du sel. Tout le monde peut avoir l'impression que tu es chrétien en te regardant. Mais il est nécessaire d'être chrétien **à l'intérieur**. Sinon, tu iras en enfer.

> ⫸ *Prie et réfléchis ! Qu'est-ce qui t'empêche d'être un vrai chrétien ? Qu'est-ce qui doit être « coupé » de ta vie ? Ce sera douloureux. Mais **ne choisis pas l'enfer !***

38 NE DIVORCEZ PAS !

▣ Contexte

Jésus désire enseigner **les disciples**. Il veut leur faire comprendre qui est le Christ. Il veut leur faire comprendre aussi comment ils devront suivre le Christ.

Nous avons vu qu'ils doivent apprendre à devenir « **petits** ». 📖 *Marc 9:33-50.* Jésus leur enseignera cette même leçon plus tard. 📖 *Marc 10:13-16.*

Nous avons vu aussi que le péché est quelque chose de grave. 📖 *Marc 9:42-48.* Celui qui suit Jésus doit apprendre à prendre très au sérieux le péché dans sa vie.

Alors, qu'en est-il du péché dans **le mariage** ? 📖 *Marc 10:1-12.*

▣ Leçon principale

Jésus veut que les chrétiens respectent les lois de Dieu. Dieu ne veut pas du divorce.

▣ Un travail à faire

Nous sommes comme ces disciples. Nous nous laissons influencer par ce que font les autres. Nous écoutons ce qu'ils nous disent. Beaucoup de personnes autour de nous divorcent. Alors nous pensons (à tort) que nous pouvons mettre fin, nous aussi, à notre mariage. Jésus nous apprend que la Parole de Dieu n'a pas changée. Nous ne devons pas nous chercher des excuses. Nous devons respecter les engagements que nous avons pris en nous mariant.

Réfléchissez à la manière dont vous pourrez aider vos auditeurs à apprécier pleinement ce que dit **Dieu** à ce sujet.

▣ Notes

• **Marc 10:2.** En posant cette question, les Pharisiens cherchent à piéger Jésus. Ils ne veulent pas vraiment savoir la réponse.

• **Marc 10:3, 4.** 📖 *Deutéronome 24:1-4.* Ils ne doivent pas changer le sens de ce qu'écrit Moïse ! Moïse ne dit pas qu'il accepte le divorce ! Mais le divorce est un fait de la vie. Par ces paroles de Moïse, Dieu permet le divorce **pour éviter qu'il ne nous arrive des choses encore pires**. Dieu parle très clairement de ses intentions pour le mariage dans Genèse 2:24. 📖 *Marc 10:7, 8.*

• **Marc 10:11, 12.** Dieu n'accepte pas le divorce. Si nous mettons fin à notre mariage pour épouser quelqu'un d'autre, nous commettons l'adultère (le septième commandement). C'est un adultère parce que nous choisissons de coucher avec quelqu'un qui n'est pas notre mari ou notre femme.

• (Matthieu 19:9. Si mon mari ou ma femme a couché avec quelqu'un d'autre, je suis libre et je peux me remarier.)

NOUS DEVONS HAÏR LE PÉCHÉ

📖 *Marc 10:1-5*

- Certains chrétiens semblent penser : « *Jésus promet de me pardonner. Je peux donc pécher autant que je veux. Cela n'a aucune importance.* » Comment répondrais-tu à la personne qui dit cela ?

Le Père hait le péché et Jésus hait le péché autant que son Père ! Jésus **est** Dieu. Ceux qui suivent Jésus doivent aussi haïr le péché. Nous ne devons pas être comme ces Pharisiens. Nous ne devons pas contourner les lois de Dieu. Nous ne devons pas nous chercher des excuses.

- D'après Jésus, quel est le problème de ces Juifs ? 📖 *Marc 10:5.*

> ⫸ *Nous n'avons aucune envie d'avoir des cœurs endurcis ! Demande à Dieu de t'aider à aimer ses commandements. Tous les commandements de Dieu sont bons – ils nous aident à vivre de la meilleure manière possible.*

NE DIVORCEZ PAS

📖 *Marc 10:6-12*

Si Jésus dit « ne divorcez pas » c'est parce que Dieu a *toujours* dit « ne divorcez pas ». Jésus ne change pas les lois de Dieu. Parce que les lois de Dieu sont parfaites.

- Quel est le plan de Dieu pour l'homme et la femme ? 📖 *Marc 10:6-8.*

- À quel commandement de Dieu désobéissons-nous si nous divorçons et si nous nous remarions ? 📖 *Marc 10:11, 12.*

- Par conséquent, quelle est la recommandation de Jésus à ceux qui sont mariés ? 📖 *Marc 10:9.*

Ce que dit Jésus n'est pas difficile à comprendre. Mais peut-être trouvons-nous ses paroles difficiles à **accepter** ? C'était certainement le cas pour les disciples. De retour à la maison, ils le « questionnèrent à nouveau » sur ce sujet. 📖 *Marc 10:10.* Dans sa réponse, Jésus affirme que nous devons garder les commandements de Dieu. Et si nous sommes chrétiens, nous devons faire ce que Jésus nous demande.

[Vos auditeurs auront sans doute des questions sur ce sujet. Il est important de fournir des réponses à leurs questions. Voici quelques exemples :]

- **Qu'en est-il si je n'aime plus mon mari/ ma femme ?** Ce n'est pas une raison de divorcer. Efforce-toi d'aimer ton époux/ ton épouse. Essaie d'aimer ton époux/ ton épouse par des gestes pratiques. Prie Dieu, lui demandant son aide.

- **Qu'en est-il si mon mari/ ma femme a couché avec quelqu'un d'autre ?** Dans ce cas, Jésus dit que tu peux divorcer (et te remarier). Mais dans la mesure du possible, essaie plutôt de réparer ton premier mariage.

- **C'est déjà fait. J'ai divorcé mon mari/ ma femme. J'ai péché. Dieu me pardonnera-t-il ?** Oui ! Il pardonne tous nos péchés. À partir de maintenant, essaie de vivre pour lui plaire. Ne te remarie pas. Et si tu t'es déjà remarié, fais tout ce que tu peux pour en faire un bon mariage.

- **J'ai deux femmes. Que dois-je faire ?** C'est une question difficile. Ce n'est pas correct d'avoir deux femmes. Malgré cela, tu as la responsabilité de pourvoir aux besoins de ces deux femmes et d'en prendre soin. Tu dois respecter les engagements que tu as pris envers elles en les épousant.

39 RECEVONS LE DON DE DIEU COMME DES PETITS ENFANTS

▣ Contexte

Quel genre de personne entre dans le royaume de Dieu ? Quel genre de personne suit Jésus ? Jusqu'ici les disciples n'ont toujours pas compris ces choses.

📖 *Marc 9:33-37.* Observez attentivement Marc 9:37. Maintenant lisez Marc 10:13.

Pourquoi la manière de voir des disciples n'est-elle pas bonne ? Marc mentionne très souvent cette mauvaise façon de réfléchir des disciples. 📖 *Marc 9:35.*

▣ Leçon principale

Si tu veux aller au ciel, tu dois devenir comme un petit enfant. Tu dois accepter le cadeau que Dieu te fait.

▣ Un travail à faire

Pour Dieu, les enfants sont tout aussi importants que les adultes. Comment ferez-vous afin d'aider vos auditeurs à comprendre cela ?

Nous aimons penser que nous sommes importants. Mais Jésus, lui, nous demande de devenir comme ceux qui n'ont pas d'importance. Priez que Dieu aide vos auditeurs à devenir comme des petits enfants.

▣ Notes

- **Marc 10:13.** Les disciples « reprenaient » ces personnes qui amenaient leurs enfants à Jésus. Cela signifie qu'ils n'étaient pas contents de voir ces gens venir à Jésus et « ils leur firent des reproches » (Bible du Semeur). Cependant Jésus, lui, « reprend » ses disciples !

- **Marc 10:14.** Lorsque Jésus parle de « petits enfants » il s'agit d'une image. Nous devons devenir **comme** de petits enfants. (📖 *Voir Marc 9:42*) Pour Jésus, les enfants sont importants. Tout comme les autres personnes.

@ PRÊCHER : Marc 10:13-16

JÉSUS DIT QUE LES ENFANTS SONT IMPORTANTS !

📖 *Marc 10:14*

Pense aux différentes personnes qui habitent ton village. Des hommes ou des femmes, des adultes ou des enfants. Leurs occupations ne sont pas les mêmes. À ton avis, lesquels d'entre eux sont les plus importants ? Et, à ton avis, lesquels d'entre eux sont les moins importants ?

• Parmi ces personnes, y en a-t-il qui *veulent* être importantes ?

• Que pensent les personnes importantes de celles qui sont moins importantes qu'elles ?

• 📖 *Marc 10:13.* Quelle est l'attitude des personnes importantes envers les enfants ? 📖 *Marc 10:14.* Qu'en dit Jésus ?

• Et enfin, qu'en pense Jésus ? Qu'est-ce qui est important pour Jésus ?

⟫ *Jésus sait que tous les hommes sont égaux. Il n'apprécie pas de nous voir penser que nous sommes meilleurs que d'autres, ou meilleurs que les enfants. Y a-t-il des personnes dans ton village ou dans ton église qui pensent être meilleures que d'autres ? Comment expliques-tu cela ? Pourquoi ces personnes s'estiment-elles meilleures que les autres ?*

JÉSUS DIT QUE NOUS DEVONS ÊTRE COMME DE PETITS ENFANTS !

📖 *Marc 10:15*

Les gens orgueilleux n'iront pas au ciel. Les personnes qui s'estiment importantes n'iront pas au ciel. Pour aller au ciel nous devons devenir comme des **petits enfants**.

Comment pouvons-nous être sûrs d'aller au ciel ? Notons bien le mot qu'utilise Jésus dans Marc 10:15. « **Recevoir** » ou « **accueillir** ». Nous devons **recevoir** ce don, comme un petit enfant reçoit un cadeau qu'on lui fait. C'est comme cela que nous pouvons être sûrs d'aller au ciel.

Pensons à la manière dont les enfants reçoivent des cadeaux. Ils ne sont pas fiers. Ils ne pensent pas être trop mauvais pour mériter un tel cadeau. Ils l'acceptent sans hésiter ! Ils ne se proposent pas de payer pour ce cadeau. Ils l'**acceptent tout simplement.** Avec le sourire ! Ils sont heureux. Et ils disent : « merci » !

⟫ *Le seul moyen d'aller au ciel est d'accepter le cadeau que Dieu nous fait. Nous devons être comme des petits enfants.*

Qu'est-ce que cela signifie ?

• *L'enfant le moins important du village peut recevoir le cadeau de Dieu.*

• *Le pire pécheur peut recevoir le cadeau de Dieu.*

• *Ni nos connaissances, ni nos bonnes œuvres, ni notre baptême ne peuvent acheter le cadeau de Dieu.*

Nous sommes tous égaux. Nous devons tous recevoir le cadeau gratuit de Dieu.

40 UN HOMME RICHE QUI PENSE ÊTRE BON

▣ Contexte

Jésus **vient de nous dire** comment aller au ciel. 📖 *Marc 10:14-15.* L'homme riche est-il comme ce petit enfant ?

📖 *Marc 10:17-22.*

Plus loin, Jésus donnera à ses disciples un enseignement concernant ceux qui sont riches. Peuvent-ils entrer au ciel ? 📖 *Marc 10:23-31.* Marc 10:31 est la conclusion de cet enseignement.

▣ Leçon principale

Il y a des gens qui pensent être suffisamment bons pour Dieu. Jésus leur montre qu'ils ont tort.

✖ Un travail à faire

Que pense Dieu de ceux qui s'estiment bons ? Comment pouvons-nous aider nos auditeurs à comprendre que nous ne pouvons jamais être assez bons pour Dieu ?

▣ Notes

- **Marc 10:18.** Jésus veut faire comprendre à cet homme à quel point il est difficile d'être bon. Jésus ne veut pas dire que lui-même n'est pas bon. Jésus n'est pas en train de dire qu'il n'est pas Dieu !

- **Marc 10:21.** Jésus sait que cet homme n'est pas aussi bon qu'il le pense. C'est pourquoi Jésus le met à l'**épreuve**. Cette épreuve (comme un test, un examen) lui montrera son péché. Ce test lui montre qu'il aime son argent et son prestige en tant qu'homme riche. La réponse de Jésus à cet homme ne veut pas dire qu'il le voit comme presque parfait ! Jésus n'est **pas** en train de dire que cet homme n'avait qu'un *seul* défaut !

LE PROBLÈME DE L'HOMME

📖 **Marc 10:17-20**

Le problème de cet homme n'est pas qu'il est riche. Son plus grand problème est qu'il pense être **très bon**.

📖 **Marc 10:18.** Remarquons la manière qu'a Jésus de questionner cet homme. L'homme ne sait pas ce que signifie « bon ». Il pense être **suffisamment bon (ou presque)** pour plaire à Dieu. Il pense avoir gardé tous les commandements de Dieu.

Néanmoins, il manque de certitude. Peut-être a-t-il omis quelque chose ? C'est pourquoi il s'approche de Jésus **en courant** et lui demande ce qu'il doit **faire** d'autre (quelque chose qu'il ne fait pas encore) pour être sûr d'avoir la vie éternelle.

⯈ *Beaucoup de personnes réfléchissent comme cet homme. Elles parlent de tout le bien qu'elles ont fait. Mais si nous pensons être presque aussi bons pour Dieu, cela signifie que nous sommes encore très loin de lui.*

N'oublie pas 📖 *Marc 10:14-15.*

LA RÉPONSE DE JÉSUS

📖 **Marc 10:21-22**

Jésus sait que cet homme n'est bon qu'**extérieurement**. Il va donc trouver un moyen de lui montrer ce qui ne va pas en lui.

⊕ *Imagine ! Tu grimpes sur une échelle ou sur un arbre pour atteindre quelque chose que tu veux beaucoup avoir. Tu es presque arrivé en haut. Puis un ami s'écrie : « Tu ne pourras atteindre le sommet que si tu*

descends en bas ! » Tu ne le croiras certainement pas !

Cet homme est dans une situation similaire. Il pense être presque arrivé en haut. Jésus lui dit : « Je te dirai comment tu peux atteindre le ciel. Tu devras tout vendre ! » Mais en faisant cela, il n'arrivera pas en haut. Cela le fera revenir **en bas** de l'échelle. Il deviendra comme un petit enfant. Et personne ne le prendra pour quelqu'un d'important !

Alors il ne le fera pas. Néanmoins, **c'est la seule façon d'atteindre le ciel.**

Les gens pensaient que c'était important d'être riche. Ils pensaient que si un homme était riche, cela signifiait que Dieu l'avait béni. Jamais cet homme n'accepterait d'abandonner tout cela et de devenir l'un des « derniers ». 📖 **Marc 10:31.**

Résumé. Nous avons **l'impression** que Jésus dit à cet homme qu'il ne lui manque qu'une seule chose pour devenir parfait. Mais **en réalité**, Jésus fait voir à cet homme à quel point il est orgueilleux. **Si nous voulons entrer dans le royaume de Dieu, nous devons voir notre péché. Nous ne devons pas penser que nous sommes bons.**

⯈ *Es-tu prêt à descendre jusqu'en bas de l'échelle ? Ou es-tu encore fier de tout le bien que tu vois en toi ?*

Dieu accorde la vie éternelle à ceux qui savent qu'ils n'ont rien fait de bon. Dieu accorde la vie éternelle à ceux qui sont humbles et qui acceptent le cadeau qu'il nous offre.

41 ES-TU PRÊT À ÊTRE LE DERNIER ?

Contexte

Marc 10:17-22. Pour entrer dans le ciel, l'homme riche doit devenir comme un petit enfant.

Marc 10:32-34. C'est la troisième fois que Jésus annonce à ses disciples qu'il devra mourir. Il va falloir qu'ils apprennent à suivre Jésus sur un chemin de douleur. Et il va falloir qu'ils soient prêts à être les « derniers » (Marc 8:31-38 et Marc 9:30-35).

Marc 10:23-31. *Voyez-vous comment tous ces éléments s'assemblent autour d'une seule et même idée ?*

Leçon principale

Si tu veux suivre Jésus, tu dois être **prêt à être le dernier –**

Marc 10:31.

Un travail à faire

1. Cherchez toujours à identifier des versets comme Marc 10:31 qui sont comme des clés qui nous permettent d'ouvrir tout le reste du chapitre. Relisez **Marc 9:35**.

2. Les disciples ont tout quitté pour suivre Jésus. Mais ils sont encore comme cet homme riche. Ils veulent être les premiers. Et nous ? Ressemblons-nous à ces disciples ? Avons-nous de mauvaises modes de pensée comme eux ?

Notes

• **Marc 10:25, 27.** L'image qu'utilise Jésus nous fait rire ! Bien sûr que c'est impossible ! Un chameau est comme un grand cheval. Les gens montent sur des chameaux pour traverser le désert.

• **Marc 10:30.** Que signifie cette promesse ? Jésus ne veut pas dire qu'un chrétien va devenir riche et avoir beaucoup d'argent ! Si nous quittons notre maison pour suivre Jésus, cela ne veut pas dire que nous allons recevoir cent vraies maisons à la place de celle que nous avons abandonnée. Non ! Cela signifie que nous serons reçus dans beaucoup de maisons appartenant à des chrétiens ! Et Jésus nous bénit de toutes sortes de manières. Quand nous sommes avec Jésus, nous sommes riches. **Jacques 2:5, Philippiens 3:7, 8.**

• **Marc 10:30.** « Persécutions ». Cela veut dire que des gens chercheront à nous faire du mal parce que nous suivons Jésus.

UN CHAMEAU NE PEUT PAS PASSER PAR LE TROU D'UNE AIGUILLE

📖 *Marc 10:23-27*

Acceptons-nous ce que dit Jésus dans Marc 10:25 ?

Ce que dit Jésus est très juste, bien sûr. Mais **pourquoi** est-il « impossible » (Marc 10:27) pour un homme riche d'être sauvé ?

On doit se souvenir de ce qui est dit de l'homme riche dans Marc 10:22. Il s'aime **lui-même** plus que Dieu. Et il aime son argent plus qu'il n'aime Dieu.

- Qu'en est-il de vos auditeurs ? Qu'aiment-ils plus qu'ils n'aiment Dieu ? Montrez-leur que cela les empêche d'être sauvés.

[Tout en enseignant, pensez à Marc 10:27 ! Demandez à Dieu de transformer des vies.]

CELUI QUI SUIT JÉSUS DOIT ÊTRE LE DERNIER

📖 *Marc 10:28-31*

Dans Marc 10:26, les disciples demandent : « Alors, qui peut être sauvé ? » Voici une première réponse : *ceux qui pensent qu'ils ne sont ni bons ni importants !*

- Dans ce cas, Pierre pense-t-il **mériter** une place dans le royaume de Dieu ? 📖 *Marc 10:28.*

Ce n'est pas parce que Pierre a suivi Jésus qu'il a **gagné** sa place dans le royaume de Dieu. Il ne faut surtout pas qu'il raisonne comme le fait cet homme riche ! 📖 *Marc 10:31.*

⏩ *Penses-tu avoir fait beaucoup de bien pour Jésus ? Tu as fait ceci... tu as fait cela... Cela ne fait pas de doute, tu es un de ses meilleurs hommes (ou femmes !) ! Non ! Il ne faut pas penser comme cela. Pour Jésus, qui* **sont** *ceux qui auront les premières places ? (Marc 10:31)*

- Mais les disciples n'ont-ils pas fait le **bien** en suivant Jésus ? 📖 *Marc 10:28*

Oui, ils ont fait le bien. 📖 *Marc 10:29, 30.* Les disciples ont tout quitté et ils ont suivi Jésus. Jésus prend soin de tous ceux qui lui font confiance en acceptant de le suivre. Nous ne méritons rien, mais Jésus nous donne tout !

⏩ *Le chrétien a besoin d'encouragement ! Peut-être sera-t-il appelé à beaucoup souffrir (dans Marc 10:30, Jésus promet des temps difficiles !), mais Jésus prendra bien soin de lui. Et il recevra beaucoup plus qu'il n'aura perdu.*

Jésus ne veut pas dire que les chrétiens seront riches et bénis *matériellement.* Beaucoup de ceux qui suivent Jésus, n'ont pas de maison et ne seront jamais riches ! *[Assurez-vous que vos auditeurs comprennent cela – voir ▣* **Notes.***]*

Pensons à tout ce que nous recevons de Dieu et louons-le pour tout le bien qu'il fait pour ceux qui le suivent !

42 LA RAISON POUR LAQUELLE JÉSUS EST VENU

▣ Contexte

Bientôt Jésus ira à Jérusalem – pour y mourir. 📖 **Marc 10:32-34.**

Mais les disciples continuent à penser qu'ils iront à Jérusalem pour régner ! Ils s'imaginent y devenir des gens importants. Ils pensent qu'ils auront des places importantes dans le royaume de Jésus.

Une fois de plus, Jésus leur enseigne la vérité. Il leur dit qu'ils doivent devenir comme lui. Ils doivent accepter d'être les derniers, plutôt que d'être les premiers. 📖 **Marc 10:31.** Ils doivent être prêts à servir, plutôt que d'être servis. 📖 **Marc 10:35-45.**

▣ Leçon principale

Jésus est venu pour **servir** et mourir pour son peuple. À leur tour, ses disciples doivent être prêts à servir.

⊛ Un travail à faire

Ce passage enseigne deux leçons importantes. D'une part, nous devons encourager nos auditeurs à aimer Jésus et à se confier en lui. Nous ferons cela en leur montrant **que Jésus est vraiment merveilleux.** D'autre part nous voulons **que les chrétiens apprennent à servir**, comme Jésus le faisait.

▣ Notes

- **Marc 10:38.** « Boire la coupe », « baptême ». Jésus utilise ces images pour parler de sa mort. Il boira la terrible coupe de la colère de Dieu. Il sera « baptisé » dans le déluge de son jugement.

- **Marc 10:39-40.** La réponse des disciples n'est pas la bonne. Pour nous il est clair qu'ils ne souffriront pas en subissant tout ce que Jésus devra subir. Mais Jésus les prévient qu'ils seront appelés à souffrir ! Jésus ne peut pas leur promettre les meilleures places dans son royaume. Mais il peut leur promettre la douleur !

- **Marc 10:45.** C'est la troisième fois (dans Marc) que Jésus leur dit **pourquoi** il est venu. Il est venu **prêcher** l'évangile (Marc 1:38). Il est venu appeler les **pécheurs** (Marc 2:17). Et maintenant Jésus ajoute qu'il est venu pour **servir et mourir**.

- **Marc 10:45.** « Rançon » ou « racheter ». On paie une « rançon » quand on donne de l'argent pour permettre à un esclave de retrouver sa liberté. Jésus est venu pour que les pécheurs retrouvent la liberté. Il a payé le prix de notre liberté : le prix de son propre sang.

JÉSUS EST VENU POUR MOURIR

📖 *Marc 10:32-34, 45*

Essaie de t'imaginer avec Jésus et ses disciples dans Marc 10:32. **Jésus** marche devant tout le monde. Il sait ce qui l'attend à Jérusalem. Mais il est prêt. Les **disciples** marchent derrière Jésus. Ils ont très peur. Ils ne veulent pas aller à Jérusalem.

Alors Jésus s'arrête pour parler à ses disciples. Il veut qu'ils comprennent qu'il est **venu pour mourir** ! Lorsque les gens le mettront à mort, les disciples ne devront pas penser que c'est une erreur. Tout arrive selon le plan de Dieu. Et Jésus ne connaîtra pas la mort d'un héros. Ce sera la mort d'un homme de mauvaise vie.

> ⏩ *Jésus sait que son peuple lui crachera à la figure. Il sait que les gens se moqueront de lui et le maudiront. Malgré cela, Jésus accepte la croix. Parce que c'est seulement par sa mort sur la croix qu'il pourra nous sauver. Aimes-tu Jésus parce qu'il a accepté d'aller à la croix pour toi ? Et accepteras-tu d'accueillir la croix dans **ta** vie aussi ? Suivras-tu ce merveilleux Sauveur, même quand cela te semblera difficile ?*

JÉSUS EST VENU POUR SERVIR

📖 *Marc 10:45*

Les rois ne servent pas, n'est-ce pas ? Les rois siègent sur des trônes, au-dessus de tout le monde. Les rois se font servir par d'autres !

C'est ce que pensent Jean et Jacques en pensant à Jésus, leur Roi. Jésus siégera sur son trône de Roi – et ils veulent les meil-

leures places juste à côté de lui. Ils veulent régner avec Jésus au-dessus de tout le monde (Marc 10:35-41).

Mais ce Roi n'est pas comme les autres. Le Roi Jésus est venu **pour servir**. Il n'est pas venu pour lui-même mais pour les autres. Il est venu donner sa vie pour les autres. C'est pourquoi Jésus a une leçon à apprendre à tous ses disciples.

📖 *Marc 10:42-45.*

Jésus n'est pas venu pour les honneurs. Il est venu pour souffrir ! Jésus n'est pas venu pour s'offrir des serviteurs. Il est venu pour servir !

Mais ses disciples étaient-ils prêts à être comme Jésus ?

> ⏩ *Jésus ne veut pas que nous nous prenions pour des gens **importants**. Il veut que nous **servions les autres**. Il ne veut pas que nous nous mettions **au-dessus** des autres. Il veut que nous nous voyions comme étant **en-dessous** d'eux. Aimes-tu Jésus parce qu'il s'est mis à ton service ? Dans ce cas, seras-tu un serviteur, toi aussi ? Comment cela se verra-t-il dans ta vie ?*

JÉSUS EST VENU POUR OFFRIR

📖 *Marc 10:45*

Jésus est venu offrir sa vie pour des gens comme nous ! Il a payé le prix qui nous rend libres ! Il est mort afin que nous, nous ayons la vie ! Aimes-tu ce Jésus qui a tant donné pour nous ? Recevras-tu ce cadeau qu'il nous offre gratuitement ? Recevras-tu son amour, son pardon et sa vie ?

43 JÉSUS OUVRE NOS YEUX

▣ Contexte

Dans Marc 8-10 Jésus enseigne ses disciples. Il veut leur faire comprendre qu'il va mourir. Il ne faut pas qu'ils se prennent pour des gens importants. Ils doivent être prêts à souffrir, parce que Jésus, lui, va aussi souffrir.

Pourquoi donc, à ce stade de son évangile, Marc raconte-t-il cette histoire ?

📖 Marc 10:46-52.

L'histoire de cet homme aveugle apprend aux disciples une leçon importante. Les disciples ne voient toujours pas pourquoi Jésus est venu. L'homme aveugle voit mieux qu'eux ! Il ne cherche pas à être quelqu'un d'important, comme le font les disciples. Tout ce qu'il veut est de voir Jésus lui manifester un peu d'amour ! Prenez un instant pour méditer **Marc 10:15, 23.**

⊙ Leçon principale

Jésus est venu pour donner. Mais acceptons-nous de recevoir ?

✳ Un travail à faire

Cette prédication s'adresse tout particulièrement à ceux qui ne sont pas chrétiens. Dites donc aux chrétiens d'inviter leurs amis pour venir entendre ce message.

Souvenez-vous que tout le monde aime **faire** quelque chose pour devenir un bon chrétien ! Mais aidez vos auditeurs à voir qu'il suffit de **demander** à Jésus de nous donner quelque chose. Essayez de préparer une prédication très simple que tout le monde puisse comprendre.

▣ Notes

- **Marc 10:46.** Un aveugle ne pouvait pas travailler. Il était obligé de se tenir dans la rue et de demander de l'argent aux passants (mendier). Mais Bartimée sait que **Jésus** lui donnera quelque chose qui est beaucoup mieux que l'argent.

- **Marc 10:47.** Bartimée appelle Jésus le « Fils de David ». Parce qu'il a compris que Jésus est le Roi (« Messie ») envoyé par Dieu. Il demande à Jésus d'avoir « pitié » (compassion) de lui. Parce que son besoin est grand et l'amour de Jésus aussi.

UN PAUVRE AVEUGLE DEMANDE

📖 *Marc 10:46-50*

⊕ *Quand ton besoin est grand, à qui demandes-tu de l'aide ? Tu demandes de l'aide à quelqu'un qui est gentil et qui t'écoute. Tu demandes à quelqu'un qui te donnera ce dont tu as besoin.*

Bartimée sait qu'il s'adresse à la bonne personne ! Il croit que Jésus est le Roi promis. Il croit que Jésus rend la vue aux aveugles. Il croit que Jésus écoutera sa demande. Alors il crie ! Et il ne se taira pas jusqu'à ce que Jésus lui réponde.

Jésus est venu pour **donner**. 📖 *Marc 10:45.* Jésus est venu donner sa vie pour des gens comme vous et moi. Jésus est venu nous donner son pardon et son amour. Il est venu payer le prix de nos péchés. *[Expliquez clairement qui est Jésus. Dites à vos auditeurs pourquoi il est venu mourir sur la croix. 📖 Marc 10:33, 34.]*

> ❯❯ *Si Jésus est venu pour **donner**, que devons-nous faire, nous ? Nous devons **demander** ! Nous devons faire comme cet homme aveugle. Nous devons reconnaître notre grand besoin de Jésus. Nous devons crier à Jésus jusqu'à ce qu'il nous entende. Nous devons demander à Jésus de nous montrer sa bonté.*

UN PAUVRE AVEUGLE REÇOIT

📖 *Marc 10:51-52*

Bartimée s'adresse à la bonne personne ! Jésus ne lui dit pas de se taire. Jésus ne lui dit pas : « Je n'ai pas le temps pour un pauvre mendiant aveugle ». Au lieu de cela, Jésus lui pose cette question magnifique :

« Que veux-tu que je fasse pour toi ? »

Ceux qui se confient en Jésus ne sont jamais déçus ! L'aveugle retrouve la vue ! Et que fait Jésus ensuite ? 📖 *Marc 10:52.*

> ❯❯ *Que veux-tu que Jésus fasse **pour toi** ? Il est vrai que Jésus peut encore nous guérir de nos jours. Mais Jésus est venu nous donner quelque chose d'infiniment plus important encore que la guérison de nos corps. Jésus est venu **donner** sa vie sur la croix. Veux-tu **recevoir** le don gratuit du pardon de Dieu ? Et accepteras-tu de suivre Jésus comme le fait cet homme aveugle ? Alors demande, et tu recevras. Comme cet homme aveugle ! 📖 Matthieu 7:7, 8.*

*[Vous devrez peut-être aussi parler de 📖 Marc 10:36, 37. À cette occasion, Jean et Jacques ne reçoivent **pas** ce qu'ils demandent. Pourquoi ? Quelles sont les choses que nous ne devrions **pas** demander à Dieu ?]*

44 LE ROI ARRIVE !

◉ Contexte

La deuxième partie de Marc répond à la question : **pourquoi Jésus est-il venu ?** Dans Marc 8-10 Jésus a beaucoup **parlé**. Nous le voyons enseigner ses disciples. Il leur apprend qu'il est venu pour mourir.

Maintenant Jésus passe **de la parole aux actes**. Dans Marc 11 Jésus entre dans Jérusalem, une semaine seulement avant de mourir sur la croix. Le peuple a une dernière opportunité de croire en lui comme leur Roi. Mais ils ne le feront pas. Ils refuseront de croire en lui et le feront mourir.

Dans Marc 11 le peuple **accueille** Jésus. Il est le Roi promis par Dieu. Le peuple est dans l'attente. Ils pensent que le moment est enfin venu : ils auront un Roi à Jérusalem ! 📖 *Marc 11:1-11.*

◉ Leçon principale

Jésus est le Roi que Dieu nous envoie. Mais est-il le Roi que nous, nous voulons ?

⊞ Un travail à faire

C'est très facile de ressembler à ces foules. C'est facile de chanter des cantiques et de dire à d'autres que nous sommes chrétiens. Mais, beaucoup ne veulent pas de Jésus comme leur Roi. Ils veulent quelqu'un qu'ils peuvent admirer comme un héros. Mais ils ne pensent pas avoir besoin d'un Sauveur. Ils veulent quelqu'un qui les aide quand ils en ont besoin. Mais ils ne veulent pas servir Jésus comme leur Roi. Ils viennent à Dieu seulement parce qu'ils veulent se sentir bien. Ils ne veulent pas que les gens les haïssent. Ils ne veulent pas d'un Roi qui monte sur un âne et qui meurt sur une croix.

◉ Notes

• **Marc 11:2.** L'« ânon » est un jeune âne. L'âne est plus petit qu'un cheval. Ce sont les gens ordinaires qui montent sur des ânes. Les rois montent sur des chevaux ! Mais Jésus, lui, n'est pas comme les autres rois. Jésus est un Roi qui monte sur un âne. Jésus est un Roi humble qui apporte la paix. Il est le genre de roi que Dieu avait promis d'envoyer dans l'Ancien Testament ; 📖 *Zacharie 9:9, 10.*

• **Marc 11:8.** Ils font ceci pour montrer qu'ils accueillent Jésus comme leur Roi.

• **Marc 11:9, 10.** « Hosanna » signifie « sauver » ou « louange ». Le peuple s'exprime en utilisant les paroles d'un psaume. C'est un psaume qui parle du Messie de Dieu (le Roi). 📖 *Psaume 118:25, 26.* Ils voient bien que Jésus est le Roi, le Messie de Dieu. C'est pourquoi ils louent Dieu. Ils veulent que le Messie de Dieu, le Roi, les sauve.

LE ROI A BESOIN D'UN ÂNE

📖 *Marc 11:1-6*

Jésus a besoin d'un âne. Il a l'intention d'entrer dans Jérusalem monté sur un âne. Il veut que le peuple le reconnaisse comme le Roi promis par Dieu. Jusqu'ici, Jésus n'a pas voulu attirer l'attention des foules de cette manière. Mais maintenant le moment est venu pour le peuple de dire qui il est. Il y aura beaucoup de monde à Jérusalem car c'est une période de fête (la Pâque). Ces personnes accueilleront Jésus comme leur Roi.

C'est pourquoi Jésus a besoin d'un âne. Il ne demande pas un cheval. Il veut un ânon. Dans l'Ancien Testament, le prophète Zacharie annonce que le Roi promis viendra monté sur un âne. Car ce Roi divin est un Roi qui est humble. Il ne vient pas pour faire la guerre. Il vient pour amener la paix.

Le Roi a besoin d'un âne. Remarquons que le Roi sait où il pourra trouver un âne. Et le Roi a le droit de dire aux gens de le laisser partir sur leur âne. Bien qu'il s'approche de sa mort, le Roi Jésus est au parfait contrôle de tout ce qui lui arrive !

> ⊠ *Jésus est très certainement le Roi promis par Dieu ! Il s'arrange pour que tout arrive comme Dieu le dit dans l'Ancien Testament. Mais toi, veux-tu accepter comme ton Roi, un Roi aussi humble que Jésus ?*

ACCUEILLONS LE ROI MONTÉ SUR UN ÂNE

📖 *Marc 11:7-11*

Les foules sont dans un état de grande agitation. Ils jettent leurs vêtements par terre pour faire un chemin à Jésus. Ils coupent des branches des arbres pour acclamer leur Roi. Ils crient. Ils chantent. Ils louent Dieu pour Jésus. Dieu a enfin envoyé son Roi pour les sauver.

Et ils ont raison ! Nous devrions tous louer Dieu pour le Roi Jésus. Il est le Sauveur envoyé par Dieu. Nous avons tous urgemment besoin de Jésus.

Néanmoins, veulent-ils vraiment d'un roi qui vient monté sur un âne ? Nous savons que quelques jours plus tard le Roi des Juifs mourra sur la croix. Aujourd'hui ils l'acclament mais demain ils le feront mourir ! Il est bien le Roi promis par Dieu, mais, en fin de compte, ils n'en voudront pas. Car Jésus n'est pas le genre de Roi qu'ils veulent. Ils le suivraient sans problème s'il venait comme un grand héros. Mais Jésus est un Roi humble.

> ⊠ *Réfléchis bien à tout ce que tu sais concernant Jésus. [Parlez de ce que nous avons appris sur Jésus tout au long de Marc.] Jésus est-il vraiment le genre de Roi que tu voudrais suivre ?*

> ⊠ *Il est bon de chanter des chants pour Jésus. Il est bon de le louer et de dire qu'il est Roi. Mais le recevras-tu comme le Roi de ta vie ? Suivras-tu ce Roi qui monte sur un âne et qui se dirige vers la croix ?*

45 LE ROI VIENT DANS SON TEMPLE

⊡ Contexte

Le peuple de Jérusalem vient de recevoir Jésus comme le Roi. Ils ont loué Dieu. Dieu leur a envoyé un Sauveur. 📖 ***Marc 11:1-11.***

Mais ce Roi divin n'est pas seulement le Sauveur. Il est aussi le Juge. Lorsque ce Roi divin entrera dans le temple de Dieu, que trouvera-t-il ? Et que fera-t-il ?

📖 ***Marc 11:12-19 ; Malachie 3:1-2.***

⊡ Leçon principale

Le Roi Jésus n'est pas heureux lorsque nous faisons semblant de le suivre. Il veut voir du « fruit » : une foi réelle et de l'amour.

⊡ Notes

- **Marc 11:11.** « Temple ». Il s'agit du lieu où Dieu avait demandé aux Juifs de lui rendre un culte. C'est dans ce temple que les Juifs tuaient des animaux qu'ils offraient comme des « sacrifices » à Dieu. Le temple de Jérusalem était le centre du culte des Juifs.

- **Marc 11:13-14.** Jésus voit ce figuier comme **une image du culte des Juifs dans le temple.** Cet arbre a beaucoup de feuilles mais pas de fruit. Il a l'air d'être un bon arbre mais en réalité il n'est pas bon du tout. Jésus juge cet arbre (Marc 11:14). Il fait cela pour montrer qu'il va aussi juger le temple.

- **Marc 11:15.** Jésus est parfait. Il peut lui arriver de se mettre en colère mais il ne pèche pas. Il a raison d'être en colère. Le Roi vient dans son temple et le trouve rempli de péché.

- **Marc 11:15, 16.** Ceci arrive pendant « la Pâque », un moment important pour les Juifs. Pendant cette fête les Juifs venaient au temple pour offrir des animaux en sacrifice à Dieu. Ils avaient le droit de changer leur argent pour acheter les animaux pour les sacrifices. Mais le problème était la corruption. Les vendeurs trompaient les gens pour s'enrichir ! Ils ne cherchaient pas à plaire à Dieu. Ils voulaient juste se faire de l'argent pour eux-mêmes.

- **Marc 11:17.** Le principal problème n'était pas que ces vendeurs trompaient les gens. Le problème était que ces Juifs étaient en train de voler **Dieu** lui-même. Ils faisaient semblant de lui rendre un culte dans sa maison. Mais, en réalité, ils ne s'intéressaient qu'à eux-mêmes.

PAS DE FRUIT SUR L'ARBRE !

📖 *Marc 11:11-14*

⊠ *Si Jésus arrivait aujourd'hui dans notre réunion d'église, qu'aimerait-il y trouver ?*

*Se contenterait-il de regarder ce qui se voit de l'**extérieur** ? S'intéresserait-il seulement au nombre de réunions que nous avons par semaine, à la beauté des vêtements que nous portons pour aller à l'église ou au nombre de chants que nous chantons ?*

*Ou regarderait-il plutôt ce qui se passe à l'**intérieur** ? Voudrait-il voir de l'amour, de la foi et de la sainteté dans nos vies ? Ce sont des choses que la Bible appelle des **fruits**.*

Le Roi Jésus s'approche de son temple à Jérusalem. Y trouvera-t-il un peuple qui l'aime et qui lui rend un culte digne de son nom ? Y trouvera-t-il du fruit ?

Sur le chemin, Jésus voit un arbre. Il voit un figuier. Ce figuier a beaucoup de feuilles mais aucun fruit. Il est beau à regarder. Mais il n'y a rien dessus qu'on puisse manger. Et c'est pareil dans le temple !

Jésus maudit le figuier. 📖 *Marc 11:14.* Cet acte enseigne aussi une leçon concernant le temple. De la même manière, Jésus jugera les nombreux Juifs qui lui rendent un culte mais qui ne portent pas de fruit.

⊠ *En fait, Jésus **est** présent dans nos réunions ! Quel fruit voit-il dans ta vie ? Jésus est-il triste et en colère parce que l'extérieur est bon mais à l'intérieur il n'y a rien ?*

PAS DE FRUIT DANS LE TEMPLE !

📖 *Marc 11:15-19*

• Lorsque le Roi Jésus vient dans son temple, que veut-il y trouver ?

• Et que trouve-t-il quand il entre dans le temple ?

Tout est à l'extérieur ! Ils font semblant de rendre un culte à Dieu. Ils offrent des animaux en sacrifice à Dieu. Ils font de la Pâque un temps mis à part pour Dieu. Tout paraît très bien. Mais Jésus voit que ce temple est comme le figuier. Il n'y a pas de fruit. Il n'y a pas d'amour, il n'y a pas de vraie prière, il n'y a pas de véritable culte.

Le Roi Jésus a raison d'être en colère. Le Roi n'acceptera pas qu'on lui rende un culte qui n'est pas vrai.

Alors que pensent les religieux de ce que fait Jésus dans le temple ? Regrettent-ils d'avoir mal agi ? Ou haïssent-ils le Roi que Dieu leur envoie ? 📖 *Marc 11:18.*

⊠ *Dieu nous envoie Jésus comme Sauveur. Mais Dieu nous l'envoie aussi comme **Juge**. Jésus veut trouver du fruit dans nos vies. Il se met en colère lorsqu'il voit que nous ressemblons à des chrétiens extérieurement seulement. Demanderas-tu à Jésus de te pardonner et de changer ton cœur ?*

46 AYEZ FOI EN DIEU !

▣ Contexte

Nous avons vu que le pouvoir de Jésus est immense. Il a le droit de juger le temple. Il est au contrôle de tout.

📖 **Marc 11:15-19.**

Le lendemain, en voyant le figuier devenu sec (mort), Pierre est très surpris. Jésus montre de nouveau que son pouvoir est très grand.

📖 **Marc 11:20, 21.**

Jésus veut que ses disciples sachent d'où lui vient ce pouvoir. Il va bientôt les quitter. Mais, même s'il n'est plus avec eux, ils pourront se confier dans la puissance de Dieu.

📖 **Marc 11:22-25.**

⊙ Leçon principale

Ayez foi en Dieu. Et ainsi tout sera possible.

✦ Un travail à faire

Il y a deux erreurs que nous devons éviter :

1. Dieu ne promet pas de nous donner tout ce que nous **décidons de lui deman- der** ! Jésus dit : « Ayez foi en Dieu ». Et Dieu ne fera rien qui est contraire à sa vo- lonté ! Il ne nous donnera pas des choses qui ne nous feront pas de bien ! Prenez le temps de réfléchir aux versets suivants :
📖 **1 Jean 5:14, 15 ; 1 Jean 3:22 ; Jean 15:7.** Quand nous désirons faire la volonté de Dieu, c'est alors que nous voyons que rien n'est trop difficile à Dieu.

2. Nous ne devons pas penser que sa promesse n'est pas pour nous ! Ceci n'est pas pour quelques personnes seulement. Jésus dit : « Si **quelqu'un** dit à cette montagne ». Cela veut dire que **tout le monde** peut demander. Nous n'avons pas besoin d'une grande foi, parce que nous avons un grand Dieu ! Nous devons simplement croire que ce grand Dieu fera ce qu'il dit.

📖 **Matthieu 17:20, 21.**

▣ Notes

• **Marc 11:20.** En moins d'un jour, le figuier s'est desséché. Cela montre que Jésus a le pouvoir divin de juger les hommes.

• **Marc 11:25.** Remarquez à quel point il est important de **pardonner** aux autres. Pensons à tout que Dieu *nous* a par- donné. Si nous ne pardonnons pas aux autres, Dieu n'écoute pas nos prières.

AYEZ FOI EN DIEU !

📖 *Marc 11:22*

Jésus va bientôt se séparer de ses disciples. Il ne sera plus avec eux pour accomplir de grands miracles. Et ils seront confrontés à beaucoup de problèmes sans qu'il soit là pour les aider. Comment se sentiront-ils lorsque Jésus ne sera plus avec eux ?

Ayez foi en Dieu ! Jésus veut qu'ils sachent que la puissance de Dieu sera encore avec eux. Ils doivent apprendre à mettre leur confiance en Dieu. Pour le moment Jésus est encore avec eux. Ils le suivent et demandent à Jésus de pourvoir à leurs besoins. Mais bientôt ils devront vivre en mettant leur foi en **Dieu**. Bientôt ils devront demander à **Dieu** de répondre à leurs besoins.

• Bien souvent nous n'avons pas beaucoup de foi en Dieu. Pourquoi ?

• Pourquoi savons-nous que nous pouvons nous confier en Dieu **sans crainte** ? Quel genre de Dieu est-il ?

RIEN N'EST TROP DIFFICILE POUR DIEU !

📖 *Marc 11:23, 24*

[Racontez une histoire pour illustrer cette leçon. Racontez l'histoire de quelqu'un que vous connaissez ou dont vous avez entendu parler. Par exemple, vous pouvez parler d'Élie : 📖 *Jacques 5:17, 18 ; 1 Rois 17:1, 18:41-45.]*

Beaucoup de choses sont trop difficiles pour nous. Nous nous trouvons face à un grand problème. Nous savons que nous ne pouvons rien faire. Alors nous devenons tristes. Nous nous décourageons. Souvent, nous oublions que, si nous ne pouvons rien faire nous-mêmes, Dieu, lui, le peut ! Nous

pouvons donc demander à Dieu de nous venir en aide. Et si ce que nous demandons à Dieu est en accord avec sa volonté pour nous, il le fera !

• Dieu nous dit-il que nous pouvons seulement lui demander de petites choses ? Qu'en est-il si la chose est très difficile ? Le degré de difficulté est-il important ? Pourquoi ?

Dieu ne nous demande pas de déplacer de vraies montagnes, bien sûr ! Il utilise une image pour nous montrer que rien n'est trop difficile pour Dieu. Aucun problème n'est un problème pour Dieu.

> ➠ *La prochaine fois que tu seras confronté à un problème, que feras-tu ? Commenceras-tu à t'inquiéter ? Seras-tu troublé ? Auras-tu envie de fuir ? Ou **auras-tu foi en Dieu** ?*

DEMANDEZ ET VOUS RECEVREZ !

📖 *Marc 11:23, 24*

Souvent nous ne connaissons pas la volonté de Dieu. Alors nous devons lui faire confiance. Nous devons croire qu'il agira d'une manière juste et bonne. Mais d'autres fois nous connaissons la volonté de Dieu. Dans ce cas nous pouvons croire **avec certitude** que Dieu répondra. Quand nous avons foi en Dieu, Dieu nous répond !

⊕ Le moment est venu pour le prédicateur de prêcher. Le vent souffle si fort que personne ne peut l'entendre. L'homme se souvient de la promesse de Dieu. Il sait que Dieu veut que le peuple l'entende. Alors il demande que le vent s'arrête. Il croit que Dieu répondra à sa prière. Au moment où il se lève pour prêcher, le vent se tait. Et quand il finit de prêcher, le vent se remet à souffler !

47 PAR QUELLE AUTORITÉ FAIS-TU CELA ?

◉ Contexte

Les chefs religieux des Juifs sont fâchés. Ils exercent un contrôle sur le peuple. Mais si le peuple commence à croire en Jésus, ces chefs perdront leur contrôle.

Les chefs sont fâchés parce que le peuple reçoit Jésus comme leur Roi.
📖 **Marc 11:8-10.**

Les chefs sont fâchés parce que Jésus a chassé les vendeurs du temple.
📖 **Marc 11:15-17.**

Maintenant ils cherchent un moyen de le faire mourir. 📖 **Marc 11:18.**

Alors ils lui posent une question. Mais ils ne veulent pas vraiment connaître la réponse. Ils veulent simplement le piéger. Si Jésus dit qu'il est le Roi, ils pourront le dire aux Romains. Les Romains occupent le pays. Le roi c'est César ! Personne d'autre ne peut prétendre être le roi !

📖 **Marc 11:27-33.**

◉ Leçon principale

Nous savons que Jésus a l'autorité de faire ce qu'il veut. Jésus est le Roi qui a le droit de régner sur nos vies.

⊞ Un travail à faire

Il est facile de *dire* que nous voulons laisser Jésus régner sur nos vies. Mais le voulons-nous vraiment ? Même dans l'église (qui est *son* église - l'église de Jésus) nous pouvons vouloir faire les choses à **notre** manière ! Quelles sont les choses que vos auditeurs ont du mal à remettre à Jésus ?

◉ Notes

• **Marc 11:29**. Jésus répond toujours à une question honnête. Mais cette fois-ci, il sait que cela vaut mieux ne pas répondre. Il est mieux de faire voir à ces personnes qu'elles ne sont pas sincères. Et si ces personnes répondent à la question que leur pose Jésus, elles auront la réponse à leur propre question !

LA QUESTION POSÉE PAR LES JUIFS

📖 *Marc 11:27-28*

⊕ *Essaie d'imaginer un petit garçon. Il est très en colère contre un grand homme fort. Il frappe cet homme fort de toutes ses forces. Soudain, le petit garçon se retrouve par terre. Il n'a même pas fait de mal à cet homme. Le petit garçon se sent ridicule.*

Les chefs des Juifs sont comme ce petit garçon. Ils haïssent Jésus. Ils veulent que leur question lui fasse du mal. Mais Jésus est beaucoup plus fort qu'eux. Pour finir, ils se sentiront ridicules.

• Ils veulent entendre Jésus leur donner la réponse à leur question. Mais cette réponse, ils la connaissent déjà. Quelle est cette réponse ?

Jésus a le droit de faire ces choses car c'est **Dieu** qui l'envoie. Dieu envoie son Fils pour être le Roi. Le temple lui appartient.

Mais ils ne veulent pas du Roi que Dieu leur envoie. Parce que ces chefs pensent que c'est à **eux** de contrôler le peuple et de diriger ce qui se passe dans le temple. C'est pourquoi ils ont de la haine pour Jésus.

> ⊗ *Qui a le droit de diriger ta vie ? Qui a le droit de te dire comment vivre ? Tu connais la réponse. C'est Jésus qui en a le droit. C'est Dieu qui nous le dit.*

> ⊗ *Mais veux-tu rester au contrôle de ta vie ? Es-tu en train de refuser de faire ce que Jésus te demande ?*

LA QUESTION POSÉE PAR JÉSUS

📖 *Marc 11:29-33*

Jésus ne répond pas à leur question. Au lieu de répondre, il leur pose une autre question. Et ce n'est pas n'importe quelle question. Elle frappe très dur et les met par terre !

• Qu'est-ce qui explique que la question de Jésus soit aussi bonne ?
📖 *Marc 11:29-32*

Tout le monde sait que Jean était un prophète envoyé par Dieu. Dans ce cas, ils devraient écouter ses paroles. Et Jean disait au peuple que Jésus est le Roi envoyé par Dieu ! Si donc Jean est envoyé par Dieu, Jésus aussi est envoyé par Dieu !

Si ces Juifs répondent honnêtement à la question que leur pose Jésus, ils auront la réponse à leur propre question ! C'est pourquoi ils répondent qu'ils ne savent pas. Mais ils mentent ! Ils connaissent très bien la réponse à la question de Jésus. Mais ils ne veulent pas la donner.

> ⊗ *Certaines personnes ne veulent pas suivre Jésus. Elles nous posent des questions mais elles ne veulent pas connaître la vérité. Elles répondent aux questions qu'on leur pose, mais elles ne disent pas la vérité. Elles ne veulent pas laisser Jésus régner sur leurs vies. Es-tu comme ces personnes ?*

OÙ EST LE FRUIT ?

48

▣ Contexte

Les chefs religieux des Juifs veulent faire mourir Jésus. Ils cherchent à lui faire dire des paroles qu'ils pourront rapporter à Hérode, le roi nommé par les Romains.

Marc 11:27, 28 ; Marc 12:13-15.

Jésus veut faire ouvrir les yeux de ces chefs afin qu'ils voient leur péché. Jésus est le Messie qui vient de Dieu. Mais ils veulent tuer le Roi que Dieu leur envoie !

Marc 11:17, 18 ; Marc 12:1-12.

Cette histoire répond à la question posée dans **Marc 11:28**. Oui, le Fils de Dieu a bien le droit de faire ces choses !

▣ Leçon principale

Dieu envoie son Fils chercher son fruit. Mais les hommes veulent garder le fruit et le tuent.

▣ Notes

- **Marc 12:1.** Une « vigne » est un lieu où on fait pousser des plantes qui produisent des raisins pour faire du vin.

- **Marc 12:1.** Les « vignerons » sont comme des fermiers. Ce sont des cultivateurs qui s'occupent de la vigne. Cette vigne ne leur appartient pas. Mais ils s'en occupent pour le propriétaire.

- **Marc 12:1.** Cette histoire a son origine dans **Esaïe 5:1-7**. Dans *cette* histoire, la vigne représente Israël. Dieu a fait tout ce qu'il a pu pour son peuple. Mais le fruit que produit son peuple n'est pas bon. Israël produit du mauvais fruit.

Jésus change légèrement cette histoire. Dans **son** histoire, Jésus demande aux *cultivateurs* (« vignerons ») de s'occuper de sa vigne. Ces vignerons représentent les *chefs* des Juifs. Lorsque Dieu demande à ses *serviteurs* (les prophètes) d'aller chercher son fruit, les vignerons (chefs) les frappent et les insultent. (Le dernier prophète était Jean-Baptiste. Les chefs des Juifs ont-ils écouté Jean ?) Pour finir, Dieu leur envoie son *Fils*. Mais les chefs veulent garder le fruit pour eux-mêmes. Ce sont des voleurs (*Marc 11:17*). Ils veulent continuer à exercer un contrôle sur le peuple. Alors ils tuent le Fils de Dieu.

- **Marc 12:7.** « Héritier ». Le fils du propriétaire. Un jour la vigne (ou la ferme) appartiendra au fils. C'est pourquoi ils tuent le fils, afin de garder la vigne (l'héritage) pour eux-mêmes.

- **Marc 12:10.** Jésus utilise ici des paroles tirées du **Psaume 118:22, 23**. Le psaume parle de la manière dont les Juifs traiteront le Messie. Ils rejetteront la pierre la plus importante pour construire le bâtiment (l'église de Dieu). Cette pierre c'est Jésus !

DIEU A ENVOYÉ SON FILS

📖 *Marc 12:6-8*

[Réfléchissez à la meilleure manière de raconter cette histoire (ou de la faire jouer comme une pièce de théâtre) pour que tout le monde vous comprenne. Assurez-vous que vos auditeurs comprennent bien la signification de l'histoire que raconte Jésus. Le propriétaire = Dieu. Les cultivateurs (vignerons) = les chefs des Juifs. Les serviteurs = les prophètes. Le fils = Jésus.]

Dans cette histoire, le propriétaire commence par envoyer des serviteurs. Il le fait plusieurs fois. Cependant, les cultivateurs ne veulent pas écouter ces serviteurs. Le propriétaire persévère. Il finit par envoyer son propre fils. Il se dit : « Certainement, ils respecteront mon fils ! »

• Jusqu'où le propriétaire est-il prêt à aller pour avoir son fruit ?

• Pourquoi Dieu envoie-t-il son Fils ?

Dieu envoie son Fils pour une raison très importante. Jésus est venu pour être le Roi envoyé de Dieu ! Jésus est venu réclamer (demander) ce qui lui appartient ! Il dit : « Donnez-moi mon fruit ! Donnez-moi mon peuple ! »

Et les chefs répondent : « Non ! Nous voulons garder le fruit pour nous. Allons tuer le Fils de Dieu. »

⊛ *Quelle et **ta** réponse au Fils de Dieu ?*

*N'oublie pas, c'est **Dieu** qui l'envoie ! Ceci est très important. Il nous demande de lui rendre le fruit de sa vigne. Il nous demande de tourner le dos à notre péché et de mettre notre foi en lui (Marc 1:15). Qu'en fais-tu ? Lui dis-tu : « Non ! Laisse-moi tranquille » ? Lui dis-tu : « Non ! Je n'ai pas le temps, j'ai trop de choses à faire. » ? Diras-tu « non » au propre Fils de Dieu ?*

COMMENT DIEU NOUS TRAITERA-T-IL ?

📖 **Marc 12:9**

Dieu dira-t-il : « Cela ne me dérange pas qu'on tue mon Fils » ? Dieu dira-t-il : « Ils peuvent garder mon fruit, si c'est cela qu'ils veulent » ? Dieu dira-t-il : « C'est à eux de décider ce qu'ils veulent faire de mon Fils » ?

Bien sûr que non ! Dieu est en colère. Dieu punira tous ceux qui rejettent son Fils. Dieu punira ceux qui ne veulent pas lui rendre le fruit de sa vigne.

Jésus sera la pierre la plus importante dans le nouveau temple de Dieu. Ce nouveau temple c'est l'église. C'est ce que dit l'Ancien Testament. 📖 **Marc 12:10, 11.**

⊛ *Comment Dieu nous traitera-t-il, si nous disons « non » au Fils de Dieu ? N'oublie pas que Jésus est ressuscité d'entre les morts et qu'il est Roi. Nos vies devraient lui appartenir. Il nous jugera si nous lui volons son fruit afin de le garder pour nous-mêmes.*

49 DONNEZ À DIEU CE QUI APPARTIENT À DIEU

⬚ Contexte

Voir ⬚ **Contexte** pour **Marc 12:1-12**.

Notez bien que tout ce que nous lisons dans Marc 11-12 concerne des événements qui ont lieu pendant la dernière semaine de la vie de Jésus sur terre. À la fin de la semaine, Jésus sera tué. Mais, malgré cela, Marc 12 nous montre que Jésus reste maître de tout ce qui lui arrive. Ils ne pourront le tuer que lorsque Jésus lui-même se livrera à eux !

⬚ Leçon principale

Donnez à Dieu ce qui appartient à Dieu.

⬚ Un travail à faire

Beaucoup de chrétiens ne comprennent pas qu'ils appartiennent **complètement** à Dieu. Ils lui donnent *un peu* de leur argent, *un peu* de leur temps. Et ils font ce qui leur plaît de tout ce qui leur reste.

📖 *1 Corinthiens 6:19, 20 ; Romains 6:13.*

⬚ Notes

- **Marc 12:13.** Les « Pharisiens » sont des Juifs qui aiment leur religion. Les « Hérodiens » ne s'intéressent ni à Dieu ni à la religion. Les deux groupes ont de la haine pour Jésus. Et ils se mettent ensemble pour le faire mourir. 📖 *Marc 3:6.*

- **Marc 12:14, 15.** Ils font semblant de parler de Jésus en bien. Ils essaient de faire croire à Jésus qu'ils le respectent. Mais Jésus sait ce qu'ils veulent vraiment. Ils veulent le mettre en difficulté. Ils veulent utiliser sa réponse pour lui faire du mal.

- **Marc 12:15.** C'est une question très astucieuse (intelligente mais malveillante) qui met Jésus dans une situation difficile. Si Jésus répond « oui », les Juifs ordinaires ne seront pas contents. S'il répond « non », il aura des problèmes avec Hérode, le roi nommé par les Romains.

- **Marc 12:16.** Sur chaque pièce de monnaie Romaine (un denier) il y avait l'image de César. César (« l'empereur ») régnait sur une très grande partie du monde de cette époque (« l'empire Romain »). Même les pièces de monnaie appartenaient à César !

DONNEZ À CÉSAR !

📖 *Marc 12:13-17*

[Expliquez ce qui se passe. Ces deux groupes qui n'ont rien en commun, se mettent ensemble pour chercher un moyen de mettre Jésus en difficulté. Montrez que leur question est très astucieuse (intelligente mais malveillante). Puis parlez de la sagesse de la réponse de Jésus.]

« Montrez-moi une pièce de monnaie Romaine ! » C'était les Romains qui dirigeaient le pays et les Juifs n'acceptaient pas cette domination étrangère. Les Juifs pensaient que le peuple de Dieu n'avait pas à payer des taxes à César !

Malgré cela, tout le monde devait utiliser des pièces de monnaie Romaines. Jésus leur demande de lui montrer une pièce de monnaie. Et sur chaque pièce de monnaie Romaine se trouvait l'image de César. Cette pièce de monnaie appartenait donc à César. Si César veut donc qu'ils paient des taxes, il va falloir qu'ils paient !

⊠ *Tu dois sans doute aussi payer des taxes à ton gouvernement. Ton gouvernement fait peut-être des choses qu'il ne devrait pas. Comme César. Mais Jésus veut que nous payions nos taxes ! Alors ne te plains pas – et ne triche pas non plus !*

📖 *Romains 13:1-7.*

DONNEZ À DIEU !

📖 *Marc 12:17*

Leur question est très astucieuse (intelligente). Mais la réponse de Jésus l'est encore plus ! Les deux groupes savent que ce que dit Jésus est vrai. Ils doivent payer des taxes à César parce que l'argent lui appartient. Et ils doivent aussi rendre à Dieu ce qui appartient à Dieu !

⊕ *Nous ressemblons à ces pièces de monnaie. Sur chacun d'entre nous est imprimée l'image de Dieu. C'est lui qui nous a faits. Nous sommes à lui. Nous devons donc lui donner tout ce qu'il nous demande de lui donner !*

• **Qu'est-ce que Dieu nous demande de lui donner ? (**📖 **Marc 12:29-31)**

Dieu envoie son propre Fils leur dire, « Donnez à Dieu ce qui appartient à Dieu ». Mais ces personnes refusent d'écouter. Elles n'aiment pas Dieu. Elles ne veulent pas donner leurs vies à Dieu. Elles tentent alors de faire mourir son Fils.

⊠ *Jésus dit à chacun d'entre* ***nous*** *: « Donne à Dieu ce qui appartient à Dieu. » Es-tu heureux de faire cela ? Dis-tu : « Mon argent c'est l'argent de Dieu. Mon temps c'est le temps de Dieu. Ma vie est entièrement consacrée à Dieu. » ?*

⊠ *Nous avons tous volé Dieu. Lorsque nous vivons nos vies pour nous-mêmes. Souvenons-nous : Jésus est venu payer toutes nos dettes sur la croix. Il est venu nous pardonner nos péchés. Et il est venu nous dire que nos vies lui appartiennent et que nous devons revenir à lui. Quelles sont les choses que tu devras rendre à Dieu ?*

50 UNE GRAVE ERREUR

[◉] Contexte

Différents groupes de Juifs viennent à Jésus lui poser des questions. Mais les réponses de Jésus ne les intéressent pas. Ce sont des questions difficiles. Et ils pensent que Jésus ne sera pas capable de leur répondre. Ils cherchent à piéger Jésus. Ils veulent le ridiculiser devant tout le monde. En fin de compte, ils veulent le tuer.

Le prochain groupe à mettre Jésus à l'épreuve est le groupe des Sadducéens. *Marc 12:18-27.*

[◉] Leçon principale

Ne commettons pas une grave erreur! Croyons ce que dit la Bible !

[⊞] Un travail à faire

Il est facile de commettre la même grave erreur que ces Sadducéens. Nous écoutons trop facilement ce que les gens ont toujours dit. Nous avons du mal à lâcher nos traditions. Nous acceptons aussi trop rapidement les enseignements nouveaux. Ce sont des enseignements qui nous attirent, des enseignements qui nous promettent beaucoup de bonnes choses. Notre erreur est de ne pas regarder attentivement à ce que **Dieu** dit dans la Bible. Il est même possible que nous ne *voulions* pas croire ce que nous dit la Bible. Nous devenons aveugles.

[◉] Notes

- **Marc 12:18.** Les **Sadducéens** étaient très différents des Pharisiens. Ils acceptaient seulement les cinq premiers livres de l'Ancien Testament, écrits par Moïse (et rejetaient tout le reste de l'Ancien Testament). Ils ne croyaient pas que les hommes puissent ressusciter d'entre les morts.

- **Marc 12:20.** Les Sadducéens ne pensaient pas qu'il y aurait un jour de résurrection (quand nos corps recevront une vie nouvelle). C'est pourquoi ils racontent une histoire pour montrer que la résurrection est une idée ridicule. Une femme épouse sept frères qui meurent les uns après les autres. L'Ancien Testament enseigne que lorsqu'une femme est veuve elle peut épouser le frère de son mari défunt. Mais, lorsque ces frères ressuscitent d'entre les morts, lequel d'entre eux sera le mari de cette femme ? Les Sadducéens pensent que Jésus ne pourra pas répondre à cette question difficile !

- **Marc 12:26, 27. (** *Exode 3:6*). Dieu a fait de grandes promesses à Abraham, à Isaac et à Jacob. Et ils sont morts sans avoir vu l'accomplissement de ces promesses. Mais Dieu tient *toujours* ses promesses ! Et Dieu est *toujours* le Dieu d'Abraham, d'Isaac et de Jacob. Ils ne sont pas morts ! Ce n'est pas la fin de l'histoire ! Leurs esprits sont encore en vie. Abraham, Isaac et Jacob attendent le jour de la résurrection. En ce jour leurs corps ressusciteront d'entre les morts. Dieu réalisera ses promesses à leur égard. Et ils recevront la récompense de leur foi.

UNE QUESTION POUR JÉSUS

📖 *Marc 12:23*

Les Sadducéens cherchent à rendre Jésus ridicule. *[Expliquez l'histoire que racontent les Sadducéens. Expliquez pourquoi ils pensent que cette histoire mettra Jésus en difficulté.]*

Mais Jésus répond facilement à cette question.

📖 *Marc 12:25.* Lorsque nous serons au ciel nous aurons des corps réels. Mais ces corps ne seront pas les mêmes que les corps que nous avons sur la terre. Au ciel nous aurons aussi de réelles amitiés. Mais ce ne sera pas comme sur la terre. Nous ne pourrons plus ni nous marier ni avoir des enfants !

📖 *1 Corinthiens 15:35-44.*

> ⟫ *Il est très important de croire qu'un jour nos corps ressusciteront d'entre les morts. Nous aurons des corps réels, des corps meilleurs. Si nous croyons en Jésus, nous vivrons avec lui pour toujours. Nous nous posons peut-être beaucoup de questions auxquelles nous ne trouvons pas de réponses. Comment sera la vie au ciel ? Ne sois pas inquiet. Crois seulement ce que nous dit la Bible.*

Afin de répondre aux Sadducéens, Jésus leur montre ce que dit l'Ancien Testament concernant ces choses. Et l'Ancien Testament nous apprend que nous ressusciterons d'entre les morts. Les Sadducéens croyaient seulement les parties de la Bible écrites par Moïse. Jésus choisit donc de les enseigner à partir du livre de l'Exode - qui est un livre écrit par Moïse ! Il leur montre que Dieu est le Dieu des vivants – et non pas des morts ! Dieu *reste* notre Dieu même après la mort.

Parce que la mort n'est pas la fin. Nos corps ressusciteront à la vie.

[Expliquez Marc 12:26, 27 - voir ◉ Notes]

UNE QUESTION POUR NOUS

📖 *Marc 12:24, 27*

Avons-nous commis une grave erreur, comme les Sadducéens ?

Laquelle des deux affirmations suivantes décrit le problème des Sadducéens ?

- Ils trouvent la Bible trop difficile à comprendre ?

- Ils ne **veulent** pas croire ce que dit la Bible ?

Lorsque nous trouvons la Bible trop difficile, Dieu est là pour nous aider à comprendre. Demande à Dieu de t'aider à comprendre la Bible. Demande aux enseignants de la Bible de t'aider aussi.

Mais les Sadducéens, eux, sont dans l'erreur parce qu'ils ne *veulent* pas croire. Ils refusent d'accepter l'enseignement de la Bible. Ils n'**aiment** pas ce que dit la Bible. C'est pour cette raison qu'« ils ne connaissent ni les Écritures, ni la puissance de Dieu ». Jésus leur dit : « Cela est une grave erreur. Vous avez totalement tort ! »

> ⟫ *Es-tu prêt à croire **tout** ce que dit Dieu dans la Bible ? Si tu lis quelque chose qui ne te plaît pas, qu'en fais-tu ? Demandes-tu à Dieu de t'aider à l'accepter ? [Parlez plus longuement de ce que cela signifie.] Ne commets pas cette grave erreur !*

51 AIME LE SEIGNEUR TON DIEU DE TOUT TON CŒUR

▣ Contexte

Jésus est à Jérusalem. C'est la dernière semaine avant sa mort. Beaucoup de Juifs cherchent à le faire mourir. Cependant, ils ne savent pas comment y parvenir. Ils posent des questions astucieuses (intelligentes, malignes) pour mettre Jésus en difficulté.

Dans ces versets un homme (encore un!) vient poser une question à Jésus. Ce sera la dernière fois qu'on lui pose des questions. Car les réponses de Jésus sont trop bonnes pour ces Juifs. Après l'avoir entendu, plus personne ne désire lui poser de question !

Mais cet homme n'est pas comme les autres. Il ne hait pas Jésus. Il est venu pour apprendre. Il est sincère. Il a envie de connaître la réponse à sa question. 📖 **Marc 12:18-34.**

▣ Leçon principale

Recevons la vérité de Dieu comme le fait cet homme ! Comprenons que c'est **en aimant** que nous gardons les commandements de Dieu.

✦ Un travail à faire

Ce n'est pas spécialement difficile de garder une série de règles. Mais Dieu veut **que nous l'aimions complètement** ! Et cela nous est totalement impossible ! Réfléchissez à la manière dont vous allez expliquer cela à vos auditeurs.

▣ Notes

- **Marc 12:28.** La plupart des « scribes » (maîtres de la Loi) s'opposaient à Jésus. Ils passaient leur temps à étudier et à enseigner les lois de Dieu. Ils enseignaient aussi des centaines de petites lois qui ne se trouvent pas dans la Loi de Dieu. Ils disaient au peuple de garder toutes ces petites lois tout aussi bien que les lois de Dieu.

- **Marc 12:28-30.** Souvenez-vous : les scribes enseignaient des **centaines** de lois. Or, dans ce cas, laquelle d'entre elles peut être la plus importante ? Jésus ne donne pas une **nouvelle** réponse. Il leur répond avec les paroles de Deutéronome 6:4-6. Ce sont des paroles que les scribes connaissent bien. Ce sont des paroles importantes de l'Ancien Testament.

- **Marc 12:31.** Jésus ajoute un deuxième commandement. Celui-ci se trouve dans Lévitique 19:18. Jésus sait que celui qui aime Dieu, aimera aussi les hommes. Les deux choses vont ensemble. Ensemble, elles sont un bon résumé de ce que Dieu nous demande dans les 10 commandements.

- **Marc 12:34.** Cet homme « n'est pas loin du royaume de Dieu ». Parce qu'il a compris une vérité importante : nous devons garder les lois de Dieu non pas seulement extérieurement mais aussi **dans nos cœurs**. Et cet homme sait que cela lui est impossible. Il sait qu'il ne pourra pas le faire ! Maintenant il doit comprendre que la chose qui lui reste à faire est de mettre sa foi en Jésus !

UN HOMME QUI VEUT SAVOIR

📖 *Marc 12:28*

Il y a deux types de personnes. Il y a celles qui ne veulent pas de la vérité de Dieu. Et il y a celles qui cherchent à la connaître. Il y a des gens qui repoussent la vérité de Dieu. Et il y a ceux qui la reçoivent. Dans quel groupe de personnes te situes-tu ?

Cet enseignant de la Loi (Marc 12:28) *veut* connaître la vérité de Dieu ! D'autres personnes sont venues poser des questions difficiles à Jésus. Pour le piéger. Mais cet homme n'est pas comme ces personnes. Cet homme sait que Jésus pourra l'aider à découvrir la vérité.

La réponse à Jésus n'est pas facile à recevoir. Comment réagit cet homme ?

📖 *Marc 12:32, 33.* L'homme ne lui dit pas : « C'est beaucoup trop difficile ! » Il ne cherche pas des excuses. Il **reçoit** la réponse de Jésus. Il l'accepte. Parce qu'il sait que Jésus a raison. Cet homme sait qu'il devrait garder ce commandement de Dieu.

> ⊠ *Que dis-tu lorsque la parole de Dieu te semble trop dure ? « C'est impossible ! Je ne pourrai pas le faire ! » « Je suis meilleur que d'autres ! » « Ce n'est pas vraiment ce que Dieu demande ! » [Parlez d'autres excuses qu'on pourrait entendre.]*

UNE LOI QUE NOUS DEVONS GARDER

📖 *Marc 12:32-33*

⊕ *Un homme a deux fils. À l'un il demande de garder cent commandements.*

À l'autre il demande seulement de l'aimer. Les deux fils font ce que leur demande leur père. Lequel de ces deux fils plaît le plus à son père ?

Ce scribe (maître de la Loi) enseignait des centaines de petites règles que tout bon Juif devait garder. Mais maintenant il voit qu'en réalité Dieu ne demande qu'une chose. Dieu ne demande pas que nous fassions de nombreux sacrifices. Il nous demande seulement de l'aimer de tout notre cœur.

Nous pouvons donner de notre argent à Dieu. Nous pouvons aller à l'église chaque jour de la semaine. Nous pouvons prier du matin jusqu'au soir. Mais sans l'amour, ces choses ne sont rien.

> ⊠ *Combien d'amour Dieu attend-il de notre part ?*

> ⊠ *Penses-tu avoir gardé ce commandement ? Trouves-tu facile d'aimer comme Dieu nous le demande ?*

Cet homme voit la vérité. Et toi ? La vois-tu ? Dieu nous dit de l'aimer lui et d'aimer les hommes de tout notre cœur. Mais cela nous est impossible ! Nous ne pouvons même pas commencer à le faire ! Parce que nous avons trop d'amour pour nous-mêmes. Par conséquent nous avons un grand problème par rapport à Dieu.

> ⊠ *C'est la raison pour laquelle nous avons besoin de **Jésus**. Il est justement venu apporter le pardon à ceux qui ont **manqué** d'amour pour Dieu et qui n'aiment pas Dieu comme ils devraient le faire. Au moment où il enseigne ces choses, Jésus se dirige vers la croix afin d'y mourir pour nos péchés. Demande à Jésus d'être **ton** Sauveur !*

52 PRENDRE OU DONNER ?

▣ Contexte

Différentes personnes sont venues poser à Jésus des questions difficiles. Toutes ces personnes cherchent à le mettre en difficulté afin de le faire mourir. Maintenant c'est au tour de Jésus de leur poser une question difficile !

Jésus veut montrer au peuple que ces enseignants se trompent. Ils sont dans l'erreur à son sujet. Ils sont dans l'erreur aussi dans leur façon de vivre. Ils **prennent** des choses pour eux-mêmes. Ils ne se soucient pas des autres. Ils ne soucient même pas de Dieu.

Il est beaucoup mieux d'être comme cette pauvre veuve. Elle veut plutôt **donner**. Et elle veut donner *tout*.

📖 *Marc 12:35-44*

▣ Leçon principale

Méfions-nous des mauvais enseignants qui veulent tout pour eux-mêmes. Faisons plutôt comme cette veuve qui aime Dieu d'un amour sincère et lui donne tout.

✳ Un travail à faire

La veuve dans Marc 12:41-44 est un exemple puissant pour nous tous. Mais faites très attention ! Le but de cette histoire n'est pas d'encourager les gens à donner plus d'argent pour Dieu. En fait Jésus remarque les personnes qui ne donnent que *peu* d'argent ! Non, l'enseignement de Jésus ici concerne notre cœur. Nous devons avoir des **cœurs** généreux.

▣ Notes

- **Marc 12:35-37.** Le dimanche précédant ces événements, en voyant Jésus entrer dans Jérusalem, le peuple a chanté : « Hosanna au Fils de David ! » Les scribes étaient fâchés. Ils ne voulaient pas que le peuple appelle Jésus « le Fils de David ». Cela signifie que Jésus est « le Christ », « le Messie ».

- Maintenant Jésus leur montre ce que disent *leurs propres écritures* (l'Ancien Testament) concernant « le Christ ». Jésus est beaucoup plus important encore que tout ce qu'ils pouvaient penser. Le Christ n'est pas seulement un homme puisque David l'appelle « Seigneur » ! Cela veut dire que ces scribes devraient très certainement appeler Jésus « Fils de David ». Mais qu'ils devraient aussi l'honorer comme Seigneur et Dieu !

- **Marc 12:40.** Les scribes donnent l'impression d'être très saints. Mais en réalité ils sont avares et cruels. Ils prennent l'argent des veuves - qui auraient plutôt besoin d'aide de la part des scribes ! - et le gardent pour eux-mêmes. Nous ne connaissons pas la nature exacte de leur pratique, mais il est clair que pour Jésus ils étaient des voleurs !

DANGER ! ATTENTION AUX MAUVAIS ENSEIGNANTS !

📖 **Marc 12:35-40**

Un enseignant peut raconter de bonnes histoires. Il peut nous faire rire. Peut-être vient-il d'une grande église. Mais malgré ces choses, il peut être un mauvais enseignant. Comment pouvons-nous reconnaître un mauvais enseignant ?

1. Il n'enseigne pas la vérité.
📖 **Marc 12:35-37.**

[Expliquez ces versets. Voir ● Notes]. Ces scribes (enseignants de la Loi) ne voulaient pas accepter ce que dit la Bible ! Ils faisaient dire à la Bible ce qu'ils voulaient entendre.

≫ N'accepte pas d'écouter les enseignants qui ne veulent pas suivre la Parole de Dieu. Un bon enseignant doit être prêt à se laisser transformer par la Bible. Et nous aussi !

2. Un mauvais enseignant ne pense qu'à lui. 📖 **Marc 12:38-40**

Les scribes donnaient l'impression d'être des gens très bien. Ils priaient beaucoup. Ils se rendaient à toutes les rencontres où ils pouvaient être vus et appréciés par les autres. Ils voulaient que tout le monde les voie et en dise du bien. **Mais ils faisaient tout cela pour eux-mêmes.** Ils étaient avares. Ils voulaient le pouvoir. Ils voulaient de l'argent. Et les gens dans le besoin comme cette veuve ne les intéressaient pas.

≫ Certains responsables chrétiens ressemblent à ces scribes. Faisons donc très attention ! Nous aimons tous écouter un orateur célèbre. Mais est-ce qu'il honore Dieu ? Demande-t-il de l'argent ? Donne-t-il l'impression de faire ce qu'il fait pour qu'on dise de lui que c'est quelqu'un de bien ?

Qu'arrivera-t-il à ce type de personne ?
📖 **Marc 12:40.**

UN BON EXEMPLE ! QUELQU'UN QUI DONNE TOUT !

📖 **Marc 12:41-44**

• Qu'est-ce qui différencie cette veuve des enseignants de la Loi ?

⊕ *C'est un lieu où beaucoup trouvent le salut. Tout le monde veut écouter le prédicateur. Quelqu'un lui demande : « Comment expliquez-vous votre succès ? » Le prédicateur répond : « Jetez un coup d'œil là-bas et vous verrez. » Une vieille dame entre dans l'église, marchant péniblement. « Elle vient tous les jours pour prier. »*

Cette femme est comme la veuve de Marc 12. Elle donne tout. La veuve donne tout son argent. La femme dans cette histoire donne tout son temps à Dieu. Et elle ne veut pas se faire remarquer. Elle aime Dieu. C'est pourquoi elle aime donner.

≫ Jésus sait qui sont ceux qui l'aiment vraiment. D'autres personnes vont remarquer les grands prédicateurs. Mais Jésus voit la personne qui aime donner.

53 S'ATTENDRE AUX DIFFICULTÉS

⊡ Contexte

À la fin de la semaine, Jésus mourra sur la croix. Ensuite il retournera au ciel. Jésus sait que le monde connaîtra beaucoup de douleurs. Et il est important que tous ses amis comprennent qu'il ne s'agit pas d'une erreur. Jésus leur promet des moments difficiles. Il va falloir faire confiance à Jésus. Et il va falloir qu'ils attendent le retour de Jésus lorsqu'il viendra juger le monde.

📖 **Marc 13.**

⊡ Leçon principale

Attends-toi à rencontrer des difficultés. Reste attaché à la vérité de Dieu. Sois confiant que Dieu reste au contrôle.

⊞ Un travail à faire

1. Marc 13 est difficile à comprendre. À cet égard, Matthieu 24 peut vous être utile. Les enseignants de la Bible donnent différentes explications à certaines parties de ce texte. Nous devrons donc l'étudier attentivement. Puis nous devrons demander à Dieu de nous aider à enseigner **l'essentiel de ce texte très clairement**. Nous ne voulons pas rendre nos auditeurs confus ! Jésus nous adresse plusieurs enseignements très importants. Priez que Dieu vous aide à dire ces choses clairement et que vos auditeurs soient réceptifs à ce qu'ils entendent.

2. Dans ce chapitre, Jésus parle de deux événements distincts. **1) Le juge-**ment de Dieu contre Jérusalem. Les Romains détruiront Jérusalem et son temple en l'an 70 apr. J.-C. (70 ans après la naissance de Jésus). **2) La fin du monde**, lorsque Jésus viendra juger le monde entier.

Parfois, en lisant Marc 13, on ne voit pas toujours très clairement de quel événement Jésus est en train de parler. Les deux événements se ressemblent. Le jugement de Jérusalem est une image de ce qui arrivera lorsque Dieu viendra juger le monde à la fin des temps. Jésus veut que son peuple soit prêt pour ces *deux* jugements.

⊡ Notes

- **Marc 13:4.** 📖 **Matthieu 24:3.** Les disciples pensent que le temple sera détruit lors du retour de Jésus à la fin du monde. C'est pourquoi, dans sa réponse, Jésus parle des deux événements 1) et 2).

- **Marc 13:7, 8.** À chaque fois que le monde connaît de grandes détresses, certains pensent que la fin du monde est venue. Jésus nous dit que cela est une erreur ! C'est un peu comme une femme qui attend un bébé. Les premières douleurs annoncent à cette femme qu'elle doit se tenir prête ! Mais il faudra attendre encore un bon moment avant que l'enfant vienne au monde. Les guerres et les catastrophes nous disent que nous devons nous tenir prêts pour la fin du monde. Mais ces choses ne signifient **pas** que la fin du monde est venue.

DES DIFFICULTÉS VIENDRONT !

Marc 13:2, 7

⊕ *Ton église se réunit-elle dans un beau bâtiment ? Penses-tu que ton église se réunira longtemps encore dans ce bâtiment ? Peut-être as-tu participé à la construction de cet édifice ? Tu en es très fier. Puis tu entends quelqu'un te dire : « Bientôt tout sera cassé et il n'en restera qu'un tas de ruines ! » Quelle sera ta réaction ?*

Les Juifs pensaient que le temple était le bâtiment le plus important qu'il soit ! Le temple était au centre de tout le culte. Et il était tellement grand, tellement beau ! Les pierres étaient très solides. Ce bâtiment était fait pour durer longtemps. Mais maintenant Jésus annonce que bientôt tout cela va disparaître. C'est une annonce qui ne promet rien de bon ! Ce sera même très éprouvant.

Jésus veut que nous soyons prêts pour des temps et des moments très éprouvants.

⏵ *Quelles situations très éprouvantes as-tu connues dans ton pays ou dans ton village ?*

⏵ *Que peut-il encore vous arriver ? Quelles sont tes craintes ?*

N'oublie pas que Jésus dit que la détresse viendra. Mais, même lorsque le temple ne sera plus, le plan de Dieu continuera à s'accomplir. Il peut arriver qu'on mette le feu à ton bâtiment d'église, mais Jésus reste au contrôle ! Il y aura des guerres, des tremblements de terre, des inondations et des famines. Jésus annonce toutes ces choses. Mais aucune de ces choses ne peut changer la vérité en ce qui concerne Jésus. Il ne faut jamais penser que le plan de Dieu est en panne. Fais-lui confiance !

NE NOUS DÉTOURNONS PAS DE NOTRE DIEU !

Marc 13:7

La détresse nous rend tristes. Cela va de soi ! Mais Jésus ne veut pas que la détresse **nous détourne** de notre foi.

⊕ *Imagine que quelqu'un te demande de tenir un objet à la main. Cette personne te dit que l'objet peut devenir chaud mais qu'il ne faut **surtout pas le lâcher** ! Si tu le lâches, l'objet tombera par terre et se cassera en mille morceaux. Jésus nous dit que nous connaîtrons des circonstances pénibles, mais que nous ne devons surtout pas lâcher la vérité ! Ne te détourne pas de la foi !*

Lorsque la détresse arrive, Jésus nous dit qu'il y a deux mauvaises réactions que nous devons éviter :

1. Nous ne devons pas penser que la fin du monde est venue (Marc 13:7).

⏵ *[Les ◉ **Notes** vous aideront à expliquer cela.] Jésus veut que nous **continuions** à vivre nos vies. Il nous arrivera de connaître des situations très éprouvantes mais cela ne voudra **pas** dire que la fin du monde est venue. Reste calme. Prie. Essaie de voir ce que tu peux faire pour que cela aille mieux.*

2. Nous ne devons pas écouter les faux enseignants (Marc 13:5).

⏵ *Pose toujours la question : « Qu'en dit la Bible ? » Parfois nous entendons des enseignements étranges et attirants. Jésus nous prévient que de faux enseignants « séduiront » beaucoup de personnes (beaucoup de personnes croiront leurs mensonges). Écoute seulement ce que te dit la Bible !*

54 CONTINUONS D'ANNONCER LA BONNE NOUVELLE

◉ Contexte

Jésus pense à l'avenir. Il veut préparer ses disciples pour le moment où il ne sera plus avec eux. Quand Jésus les aura quittés, les disciples devront faire face à beaucoup de difficultés. Et quand ces choses arriveront, ils ne devront pas penser que c'est la fin du monde. Ils seront haïs par des gens qui leur diront : « Taisez-vous ! Ne parlez pas de Jésus ! » Cependant, les disciples devront être prêts à continuer de parler de Jésus à tout le monde.

- **D'après Jésus, quelles sont les choses que nous devrons faire lorsque viendront les difficultés ?** 📖 **Marc 13:9-13.**

◉ Leçon principale

Nous devons annoncer la bonne nouvelle à tout le monde. Ne laisse personne t'empêcher de parler de Jésus !

⊛ Un travail à faire

Vos auditeurs sont peut-être confrontés à de réels dangers. Comme nous le voyons dans ce texte. Aidez-les à ne pas vouloir cacher leur foi aux autres. Priez que cette partie de l'évangile leur donne du courage.

Ou, à l'inverse, vos auditeurs se trouvent peut-être dans des situations où il leur est relativement facile de parler de Jésus aux autres. Si c'est le cas, encouragez vos auditeurs à penser à ceux qui souffrent pour leur foi dans d'autres pays du monde. Comment peuvent-ils s'informer sur ce qui se passe dans ces pays ? Comment pourront-ils aider ces personnes ?

◉ Notes

- **Marc 13:10.** Les disciples pensaient que Jésus allait revenir très peu de temps après son départ. Néanmoins, en attendant ce retour, le peuple de Dieu doit se mettre au travail. Partout au monde, des hommes et des femmes ont besoin d'entendre la bonne nouvelle de Jésus.

- **Marc 13:11. La plupart du temps** Dieu nous demande de bien réfléchir avant de nous exprimer. Nous ne devons pas penser que la première pensée qui nous vient à l'esprit est de Dieu ! Néanmoins, ici Jésus promet une aide particulière lorsque nous nous trouverons en grande difficulté (« lorsqu'on vous arrêtera » - Bible en Français Courant). Quand nous acceptons de témoigner pour lui, il sera là pour nous aider. Nous ne devons pas nous inquiéter en pensant à ces choses.

- **Marc 13:13.** Un chrétien peut dire que Jésus l'a **déjà** sauvé par sa mort sur la croix. Cela veut dire que nous sommes en sécurité parce que nous nous confions en Jésus. Cependant, Jésus nous dit aussi que nous devons *persévérer jusqu'au bout*. Ensuite nous serons sauvés complètement. On peut comparer le salut à un voyage qui commence à la croix et qui se termine dans le ciel. La personne qui se confie en Jésus devra se confier en lui tout au long de sa vie. Et à la fin, nous serons avec Jésus pour toujours.

NOUS SERONS HAÏS

📖 **Marc 13:9, 12, 13**

Nous voulons être aimés de tous ! Nous voulons que les gens disent de nous que nous sommes des gens bien ! Nous ne cherchons pas à être haïs ou détestés ! C'est pourquoi, souvent nous évitons de dire des choses qui ne leur plaisent pas.

• *Mais que dit Jésus à ce sujet ?*

Beaucoup de chrétiens ont trouvé le moyen d'éviter les difficultés. Ils parlent de Jésus avec leurs amis chrétiens. Mais ils ne disent pas aux autres qu'ils sont chrétiens. Ils ne parlent pas trop de leur appartenance à Jésus. Ainsi les gens ne les haïssent pas.

• *Mais que dit Jésus à ce sujet ?*

⮞ Jusqu'où va ton amour pour Jésus ? Si quelqu'un menace de te frapper, diras-tu que tu aimes Jésus ? Si ta famille se met à te haïr, continueras-tu à aimer Jésus ?

⮞ Ceci n'est pas du tout facile ! Demande à Jésus son aide.

CE QUE JÉSUS NOUS DIT DE FAIRE

1. TOUT LE MONDE DOIT ENTENDRE LA BONNE NOUVELLE DE JÉSUS !
📖 **Marc 13:10**

Ne laissons personne nous empêcher de parler. Peut-être avons-nous peur, mais tout le monde a besoin d'entendre parler de Jésus. C'est ce que Jésus veut pour nous. Même si les autorités ou la police veulent nous empêcher de parler, ces personnes aussi ont besoin d'entendre la bonne nouvelle de Jésus (Marc 13:9).

⮞ À qui penses-tu pouvoir parler de Jésus ? Avec qui ton église pourrait-elle parler ? Essaie d'identifier les personnes autour de toi et autour de ton église qui ont besoin d'entendre la bonne nouvelle de Jésus.

2. NE VOUS INQUIÉTEZ PAS !
📖 **Marc 13:11**

Jésus promet de prendre soin de nous quand nous aurons à souffrir pour lui ! Il nous donnera les mots à prononcer au moment où nous en aurons besoin. Jésus ne veut pas qu'on s'inquiète. Il veut que nous ayons l'audace de parler. Fais-lui confiance !

3. PERSÉVÉRER JUSQU'AU BOUT !
📖 **Marc 13:13**

Ce sera difficile, mais n'abandonne pas la course ! Jésus t'aidera à persévérer jusqu'au bout.

[⊞ Vous pouvez vous servir d'une image pour aider à comprendre. Parlez par exemple d'un voyage qui comporte beaucoup de difficultés.]

⮞ Dans quels types de situations t'arrive-t-il de vouloir laisser tomber ta foi ?

⮞ Comment les paroles de Jésus t'encouragent-elles à continuer jusqu'au bout ?

55 NE CROIS PAS TOUT CE QU'ON TE RACONTE !

◉ Contexte

Avant le retour de Jésus il y aura un temps de grandes difficultés. Jésus veut **nous** préparer à cela.

En même temps, Jésus annonce un temps d'épreuve que connaîtront les disciples en l'an 70 apr. J.-C. Jésus veut préparer ses **disciples** à cela. Car ces disciples seront encore en vie lorsque ce qu'annonce Jésus se réalisera.

Cette partie de l'Évangile de Marc parle de ces deux choses. Le jugement de Dieu sur Jérusalem, 70 ans après la naissance de Jésus est aussi une image. Cet événement annonce le jugement de Dieu lors du retour de Jésus à la fin du monde.

📖 *Marc 13:14-27.* Contre quels dangers Jésus met-il en garde dans ces versets ?

◉ Leçon principale

Le monde connaîtra un temps de grandes difficultés avant le retour de Jésus.

Ne crois pas tout ce qu'on te raconte concernant la fin du monde !

◉ Un travail à faire

Quand on parle de la fin du monde, les gens ont souvent beaucoup de choses à dire. Et ils ont souvent beaucoup de certitudes concernant la manière dont les choses vont se passer. Malheureusement, il leur arrive ainsi de passer à côté de ce que **Jésus** veut nous apprendre à ce sujet ! En prêchant sur ces choses, faites très attention

de ne parler que de ce qu'en dit la Bible. Essayez de vous en tenir à l'idée principale que Jésus veut faire passer en parlant de ces choses. Il veut que nous soyons **prêts**, pour ne pas être surpris lorsque ces temps difficiles arriveront.

◉ Notes

- **Marc 13:14.** Le prophète Daniel parle de cet événement atroce qui arrivera un jour dans le temple de Jérusalem (Daniel 11:31). Un roi étranger rendra un culte aux idoles dans le temple de Dieu. Quand ils verront ces choses s'accomplir, les chrétiens devront prendre la fuite - au péril de leurs vies !

- **Marc 13:15-18.** Ces versets parlent de ce qui arrivera à Jérusalem en l'an 70. Il s'agit donc de ce qui va se passer 40 ans après le moment où Jésus prononce ces paroles. L'armée Romaine viendra détruire le temple. Et ce sera un jugement de **Dieu**. (Parce que les Juifs ne reçoivent pas Jésus comme son Messie. Au lieu de cela, ils continuent dans leurs pratiques religieuses anciennes.) Cependant Dieu ne veut pas juger les **chrétiens** à Jérusalem. C'est pourquoi il leur dit de partir le plus vite possible !

- **Marc 13:19-20.** Il est probable que dans ces versets Jésus parle de ce qui va se passer juste avant **la fin du monde**. En tout cas c'est très clairement de cela qu'il va parler dans les versets qui suivent (Marc 13:24 ; Matthieu 24:29 – « aussitôt après… »).

UNE PÉRIODE DE DÉTRESSE ÉPOUVANTABLE

📖 **Marc 13:19-20**

- Pourquoi Jésus annonce-t-il des temps difficiles ?

Jésus veut que nous restions forts lorsque nous connaissons des moments difficiles ! Les chrétiens vivent dans l'attente du retour de Jésus. Cependant, avant cela, nous devons être prêts à vivre des moments très difficiles.

Marc écrit à des chrétiens qui seront bientôt confrontés à des temps très difficiles. L'armée Romaine détruira la ville de Jérusalem. Beaucoup de chrétiens vont mourir pour Jésus. Les Romains pensaient, sans doute, qu'après cela il ne resterait plus aucun chrétien sur la terre ! Mais Dieu garde son peuple (ses « élus »). Il les a choisis et il en prend soin.

⏵ *Nous aussi, nous devons nous souvenir de ces choses. Des temps très difficiles viendront. Mais Dieu reste au contrôle. Il nous a prévenus que des temps de détresse viendront avant que Jésus ne revienne. Nous devons persévérer jusqu'au bout.*

NE CROIS PAS TOUT CE QU'ON TE RACONTE !

📖 **Marc 13:21-23**

- Comment savons-nous si un enseignant est un vrai ou un faux ?

- Si quelqu'un dit qu'il est le Messie, devons-nous l'écouter ?

- Si quelqu'un dit qu'il est un prophète, devons-nous l'écouter ?

- Si quelqu'un fait un miracle, devons-nous l'écouter ?

Nous devons examiner toutes choses à la lumière de la Bible. Jésus nous prévient que de faux enseignants viendront. Il nous apprend que ces enseignants diront : « Jésus est revenu ». On pensera peut-être que ce sont des gens très bien. Ils feront des miracles. Ils raconteront peut-être de bonnes histoires. Ils nous diront peut-être que la vie chrétienne est facile. Mais ces personnes « trompent » les gens. Cela veut dire qu'ils nous font croire des mensonges.

[Ceci est très important. Beaucoup de chrétiens croient trop facilement tout ce qu'on leur raconte. Apprenez à vos auditeurs comment savoir si un enseignement est faux. Par exemple, vous pouvez donner des exemples du type de faux enseignements que vos auditeurs risquent d'entendre. Demandez-leur s'ils pensent que ces enseignements sont en accord avec ce qu'enseigne la Bible.

⏵ 📖 *Marc 13:5, 23. Jésus nous apprend à être vigilants. Le danger est bien réel. Quand viennent les temps de détresse, Jésus veut que nous persévérions jusqu'au bout. Il ne veut pas que nous écoutions des mensonges. Il veut que nous **lui** fassions confiance. Même si c'est difficile.*

56 JÉSUS REVIENT !

[■] Contexte

Jésus veut que ses **disciples** soient prêts à affronter les événements épouvantables de **l'an 70 apr. J.-C.**

Jésus veut que tous les **chrétiens** soient prêts pour la **fin du monde**.

Nous ne devons pas avoir trop peur lorsque nous connaissons des moments très difficiles. Cela ne veut pas dire que la fin du monde est venue. Et nous ne devons pas croire les personnes qui nous disent que c'est la fin du monde. Nous devons continuer à vivre nos vies. Nous devons faire confiance à Jésus.

Mais alors, **comment** pouvons-nous savoir quand Jésus va revenir ? Dans ces versets, Jésus nous raconte comment cela va se passer. 📖 *Marc 13:24-37.*

[■] Leçon principale

Jésus l'a promis ! Il revient !

[✠] Un travail à faire

Nous avons beaucoup de mal à croire que Jésus pourrait revenir bientôt. Nous avons parfois l'impression qu'il ne reviendra jamais. Nous pensons que nous mourrons avant qu'il revienne ! Mais, même si nous mourrons avant sa venue, nous devons être prêts pour son retour.

Le diable veut nous faire oublier que Jésus revient. Comment pouvez-vous aider vos auditeurs à penser plus souvent à son retour ?

[■] Notes

• **Marc 13:24-25.** Ces choses nous montrent que Jésus revient pour nous **juger**. Ces paroles ressemblent à certaines paroles de l'Ancien Testament. Les prophètes disent que Dieu viendra de cette manière. Ils nous apprennent que Dieu viendra pour nous **juger**. Par exemple : Esaïe 13:9-11 ; Joël 2:10, 31.

• **Marc 13:26.** Ce verset fait penser à Daniel 7:13-14. Jésus viendra comme Roi et comme Juge. Tout le monde pliera le genou devant lui.

• **Marc 13:30.** Jésus promet que ces choses se réaliseront bientôt. Les disciples seront encore en vie pour le voir. Cela veut dire que Jésus parle très certainement des événements du **premier** jugement, survenu en l'an 70 apr. J.-C. Bientôt les disciples connaîtront un temps de très grandes difficultés. Jésus veut que son peuple soit prêt à affronter cette détresse.

JÉSUS REVIENT

>> *Jésus revient. Cela est **sûr et certain** ! Mais toi, qu'en penses-tu ? Cela te fait-il peur ? Ou souhaites-tu qu'il revienne vite ?*

1. IL REVIENDRA JUGER LE MONDE

📖 ***Marc 13:24-26.*** Ces choses font très peur. Jésus reviendra juger le monde. Il reviendra en puissance et en gloire. Tout le monde saura que Jésus est le Roi. Tout le monde tombera à genoux pour l'adorer. Quand cela arrivera ce sera trop tard pour lui demander son pardon. 📖 ***Apocalypse 6:12-17.***

>> *Es-tu prêt pour ce jour ? Demande à Jésus de te pardonner **maintenant**. Reconnais-le comme ton Roi **sans tarder**.*

2. IL REVIENDRA CHERCHER SON PEUPLE

📖 ***Marc 13:26-27.*** Si tu connais Jésus, tu n'as pas à avoir peur ! Il ne vient pas pour te punir ! Il vient chercher son peuple élu (choisi) pour être avec lui pour toujours !

>> *Quels sont les événements que tu attends avec plaisir (peut-être même avec impatience) ? (Par exemple : un anniversaire, la visite d'un ami…). Comment te sens-tu lorsque tu penses à cet événement ?*

>> *Le retour de Jésus est de loin meilleur que toutes ces choses ! Ton Meilleur Ami va venir ! Penses-y ! Vis ta vie en pensant à ce jour ! Prie Jésus et demande-lui de venir bientôt !*

APPRENONS LA LEÇON DU FIGUIER
📖 ***Marc 13:28-31***

• Que disent les gens en voyant pousser les feuilles sur le figuier ?

Le figuier ne ment pas. Les premières feuilles sont le signe que l'été s'approche.

Nous ne pouvons pas connaître le moment de son retour (Marc 13:32). Néanmoins, nous pouvons voir quand les choses commencent à changer. Jésus nous demande d'être vigilants. Il veut que nous soyons prêts.

Pour nous ce sera comme pour les premiers chrétiens qui attendaient la destruction de Jérusalem en l'an 70 apr. J.-C. Mais cette fois-ci, lors de son retour, les chrétiens souffriront davantage. De faux enseignants diront des choses étranges. Ils feront des miracles. C'est **à ce moment-là** que nous saurons que Jésus va bientôt venir.

N'oublions pas : Jésus ne ment jamais ! 📖 ***Marc 13:31.*** Il nous arrive peut-être de penser que Jésus ne reviendra plus. Mais il revient ! Cela est certain !

[Pour illustrer cette leçon, vous pouvez aussi parler du Déluge. Personne ne voulait croire Noé quand il annonçait le jugement de Dieu. Mais le jugement est venu et le peuple n'était pas prêt. 2 Pierre 3:3-9 nous aide à comprendre pourquoi Jésus semble tarder à revenir.]

57 SOYONS PRÊTS POUR JÉSUS

▣ Contexte

Voir ▣ **Contexte** pour **Marc 13:24-31.**

Tout au long de Marc 13, Jésus veut nous enseigner une seule leçon. **Il veut que nous soyons prêts pour son retour**. Ainsi cette dernière partie du chapitre enseigne cette idée principale de Marc 13.

📖 **Marc 13:32-37.** Jésus donne beaucoup plus de détails concernant ces choses dans **Matthieu**. Jésus veut que nous soyons prêts pour son retour ! Mais qu'est-ce que cela veut dire ?

📖 **Matthieu 24:36-44.** (Matthieu 25 parle aussi de ces choses.)

⊙ Leçon principale

Jésus reviendra. Soyons prêts pour son retour.

✦ Un travail à faire

En attendant son retour, Jésus nous dit que nous devons « veiller ». Nous devons penser à son retour et nous tenir prêts pour le jour où il reviendra parmi nous. Mais Jésus ne nous demande pas d'arrêter notre travail ! Jésus veut que nous attendions son retour, mais cela ne veut pas dire que nous devons arrêter toutes nos activités ! Jésus nous a confié une tâche importante à accomplir en attendant son retour ! Jésus nous demande d'apporter la bonne nouvelle au monde entier (Marc 13:10).

▣ Notes

- **Marc 13:32.** Jésus est Dieu. Néanmoins, quand il était sur la terre, Jésus ne savait pas tout. Dieu sait tout. Mais, en devenant un vrai homme comme nous, Jésus a choisi de ne pas tout savoir. Quand il était sur la terre, Jésus ne connaissait pas le moment de son retour.

- **Marc 13:36.** « Endormis » (« dormants » - Darby). Tout le monde doit dormir, bien sûr ! Ici Jésus utilise le sommeil comme une **image** pour parler de la vie chrétienne. Si nous ne pensons plus à son retour, nous sommes « endormis ». Si nous laissons les choses de cette vie prendre trop de place dans nos vies, nous sommes « endormis ». Si nous sommes paresseux dans notre service pour Dieu, nous sommes « endormis ».

⊕ PRÊCHER : Marc 13:32-37

PERSONNE NE SAIT !

📖 *Marc 13:32-35*

⊕ *Imagine que ton patron te confie un travail important. Puis il s'en va. Il promet de revenir un jour pour voir si tu as bien travaillé en son absence. Cependant, au bout d'une semaine, il n'est toujours pas revenu. Tu te dis que ce n'est pas la peine de travailler autant. Au bout d'un mois, il n'est toujours pas revenu. Hier, quelqu'un a dit qu'il viendrait demain. Mais il n'est toujours pas là. Tu décides de ne travailler que lorsque l'envie te prend. Une année passe et il n'est toujours pas revenu. Tu te dis qu'il ne reviendra jamais. Tu te reposes et tu passes ton temps à jouer. Tu ne travailles plus du tout. Puis soudain, ton patron revient. Que dira-t-il de toi ?*

Cette histoire ressemble à celle de Jésus. Si nous savions à quel moment Jésus allait revenir, peut-être que nous serions prêts pour son retour. Mais nous ne savons pas quand il va venir. Nous sommes fatigués d'attendre. Nous pensons qu'il ne viendra jamais.

Mais nous nous trompons car **il viendra** sûrement ! Et il veut que nous soyons prêts.

> ⏩ *Personne ne sait quand Jésus va revenir ! Mais dans ce cas, que faut-il penser de ceux qui disent qu'**ils connaissent** le moment de sa venue ? Jésus nous dit qu'ils ont tort.*

> **Personne** *ne connaît le moment du retour de Jésus. Nous devons donc être prêts à* **chaque instant***. Es-tu prêt aujourd'hui ?*

ALORS, SOYONS PRÊTS !

1. VEILLONS !

📖 *Marc 13:35-37*

Jésus veut que nous soyons prêts et éveillés, comme une sentinelle qui garde une maison. S'il se passe quelque chose, la sentinelle le saura. Alors, qu'est-ce que cela signifie pour nous ?

• Réfléchis à son retour et prie que Jésus revienne.

• Rappelle-toi de ce que dit Jésus concernant son retour. Que va-t-il se passer ?

• Tiens-toi prêt à vivre des moments très difficiles.

2. TRAVAILLONS !

📖 *Marc 13:34*

• Quel travail Jésus confie-t-il aux chrétiens ?

• Quel travail accomplis-tu pour Jésus ? Travailles-tu bien ?

[Vous pouvez reprendre l'histoire que Jésus raconte dans Matthieu 25:14-30.]

> ⏩ *Es-tu « endormi » ? As-tu oublié que Jésus revient ? Es-tu occupé à faire ce qui te plaît sans penser à ce que Dieu te demande ? Alors, réveille-toi ! Veille et prie ! Tiens-toi prêt pour Jésus.*

58 PRÉPARER LES DISCIPLES POUR LA MORT DE JÉSUS

▣ Contexte

Mercredi. Le moment est presque venu pour Jésus de mourir. Dans deux jours Jésus mourra sur la croix. Les disciples ne croient toujours pas que Jésus va mourir. Dans Marc 14, Jésus les aide à se préparer pour le moment de sa mort. 📖 *Marc 14:1-42.*

📖 *Marc 14:1-11.* Comment les différentes personnes de ce récit préparent-elles la mort de Jésus (les chefs des Juifs, la femme, Judas) ?

(Marc aime beaucoup rassembler différentes histoires afin de nous faire réfléchir. Remarquez les ressemblances entre Marc 14:1-2 et Marc 14:10-11. Et au milieu de ces deux textes Marc a placé Marc 14:3-9. Remarquez à quel point ce texte est **différent** des textes qui le précèdent et qui le suivent.)

▣ Leçon principale

La mort de Jésus est une bonne nouvelle ! Aimes-tu Jésus par-dessus tout ?

✦ Un travail à faire

Nous, nous n'aurions pas voulu la mort de Jésus ! **Nous**, nous n'aurions pas agi comme Judas ! Mais peut-être que si ! Beaucoup de personnes ressemblent à Judas. Extérieurement, elles donnent l'impression d'être de bons chrétiens. Mais intérieurement, elles ne le sont pas. Elles aiment l'argent, ou d'autres choses, plus qu'elles n'aiment Jésus. Demandez à Dieu de vous aider à parler de ces choses à vos auditeurs.

▣ Notes

• **Marc 14:1.** « La fête de Pâque et des pains sans levain. » Cette fête aide les Juifs à se rappeler le temps où Dieu les a sauvés de l'Egypte. Le mot « Pâque » signifie « passer au-dessus ». La veille du départ de l'Egypte, chaque famille devait tuer un jeune agneau avant d'en répandre le sang sur les portes de leurs maisons. L'ange de Dieu a tué les garçons Egyptiens mais il est « passé au-dessus » des maisons où il voyait le sang. L'agneau de la Pâque nous parle de Jésus. Jésus est mort (au moment de la Pâque !) pour nous sauver de la colère de Dieu (Exode 12:1-30).

• **Marc 14:3.** « Une femme ». Jean nous apprend que cette femme s'appelait **Marie** et qu'elle habitait à Béthanie avec Marthe et Lazare (Jean 11:1-2, 12:1-7).

• **Marc 14:4-5.** Jean nous apprend que c'est **Judas** qui a prononcé ces paroles. Il était sans doute le premier à s'exprimer. C'est Judas qui s'occupait de l'argent. Mais c'était un voleur ! (Jean 12:4-6)

• **Marc 14:3, 8.** Ce qu'a fait cette femme était vraiment extraordinaire. Les gens mettaient du « parfum » sur leurs corps pour sentir bon. Le parfum qu'utilisait cette femme coûtait très cher : l'équivalent d'une année de salaire ! Il est probable que cette femme croyait que Jésus allait bientôt mourir. Elle voulait montrer son grand amour pour Jésus tant qu'elle avait la possibilité de le faire. Personne n'allait pouvoir mettre du parfum sur le corps de Jésus après sa mort. Pour Jésus, cette femme l'avait fait à l'avance !

PRÊTS À TUER JESUS

📖 *Marc 14:1-2, 10-11*

• Connais-tu des gens qui aiment l'argent plus qu'ils n'aiment Jésus ?

• Connais-tu des gens qui se disent **chrétiens**, ou qui veulent être des **pasteurs**, parce qu'ils y voient un moyen de recevoir de l'argent ?

Judas n'a jamais été un vrai disciple de Jésus (Jean 13:10-11). Judas fait semblant d'aimer Jésus. Il ressemble à tous les autres disciples. Cependant, il n'aime pas Jésus. Il aime l'argent. C'est pourquoi, quand une femme verse du parfum sur le corps de Jésus, il se met en colère. Il pense que cette femme gaspille son argent !

Et très vite il va trouver un autre moyen – un très mauvais moyen - de se faire de l'argent. 📖 *Marc 14:10-11.*

⟩⟩ *Judas était prêt à faire mourir Jésus pour de l'argent. Et **toi** ? Jusqu'où irais-tu pour avoir de l'argent ? Serais-tu prêt à tricher ? Paies-tu tes impôts ? Combien d'argent donnes-tu à Jésus ? Es-tu sûr d'aimer Jésus plus que l'argent ? Ne fais pas semblant d'aimer Jésus ! Ne ressemble pas à Judas !*

PRÊTS À AIMER JESUS

📖 *Marc 14:3-9*

Jésus est prêt à mourir. Remarquons la manière dont il parle de sa mort dans ces versets. 📖 *Marc 14:8-9.* Nous, nous n'aimons pas parler de la mort. Mais Jésus en parle facilement ! Cela ne le dérange pas de parler de la mort. Il en parle comme une bonne nouvelle (« évangile ») !

⟩⟩ *Aujourd'hui nous chantons des cantiques qui parlent de la mort de Jésus. Nous savons que sa mort est une bonne nouvelle. Nous aimons Jésus parce qu'il est mort pour nous et parce qu'il est ressuscité d'entre les morts. C'est la chose la plus extraordinaire que Jésus ait jamais faite pour nous ! [Chantez des chants de louange pour lui dire votre reconnaissance (après la prédication).]*

La plupart des amis de Jésus ne sont pas prêts à le voir mourir. Ils ne comprennent pas pourquoi sa mort est nécessaire. Mais Marie comprend un peu. Elle sait qu'elle doit lui montrer son amour tant que cela reste possible.

• À quel point Marie aime-t-elle Jésus ?

Si j'avais été à sa place, je pense que j'aurais versé **un peu** de parfum sur le corps de Jésus. Et j'aurais gardé le reste pour moi ! Mais Marie ne se préoccupe pas du coût de ce parfum. **Jésus** est tout pour elle.

⟩⟩ *Nous, nous savons beaucoup plus de choses que Marie. Nous savons que Jésus est mort à la croix pour nos péchés. Marie l'aimait beaucoup. Or nous, nous devrions l'aimer encore plus !*

⟩⟩ *Es-tu prêt à aimer Jésus ? Es-tu prêt à l'aimer beaucoup ? Comment cela se verra-t-il dans ta vie ?*

59 LE REPAS DU SEIGNEUR

▣ Contexte

Jeudi. Jésus sait que demain il sera mort. Il est important que ses disciples sachent que Jésus va mourir **pour eux**. Ils doivent savoir que sa mort fait partie du plan de Dieu. Le repas de la Pâque devient le repas du Seigneur.

📖 *Marc 14:12-26.*

⊙ Leçon principale

Jésus est prêt à mourir. Chacun d'entre nous doit se confier personnellement en Jésus et dans sa mort.

✵ Un travail à faire

Les chrétiens prennent souvent le repas du Seigneur ensemble. Le pain et le vin sont des choses que nous connaissons très bien. Mais comprenons-nous vraiment la signification de ce que fait Jésus dans ce texte ? Que veut-il faire comprendre à ses disciples ?

⊙ Notes

- **Marc 14:12.** « La fête de Pâque et des pains sans levain. » Cette fête aide les Juifs à se rappeler du temps où Dieu les a sauvés de l'Egypte. Le mot « Pâque » signifie « passer au-dessus ». La veille du départ de l'Egypte, chaque famille devait tuer un jeune agneau avant d'en répandre le sang sur les portes de leurs maisons. L'ange de Dieu a tué les garçons Egyptiens mais il est « passé au-dessus » des maisons où il voyait le sang. L'agneau de la Pâque nous parle de Jésus. Jésus est

mort (au moment de la Pâque !) pour nous sauver de la colère de Dieu. **Exode 12:1-30.**

- **Marc 14:12-16.** Il est probable que Jésus donne ces instructions parce que sa vie est en danger. Jésus désire se retrouver avec ses disciples dans un lieu secret.

- **Marc 14:21.** À la fin, Judas ne sera pas sauvé. Jésus nous apprend à quel point les conséquences pour Judas sont terribles (Jean 17:12).

- **Marc 14:22-24.** Jésus parle souvent en se servant d'**images**. Il ne veut pas dire que le pain est vraiment son corps physique. Il ne veut pas dire non plus que le vin est vraiment son sang physique. Mais il veut que, par la foi, nous **acceptions** le don de sa mort pour nous-mêmes.

- **Marc 14:24.** « Alliance » - une promesse importante. La mention du « sang » nous montre à quel point ceci est important et solennel. La mort de Jésus est le signe que la nouvelle alliance - qui avait été annoncée dans l'Ancien Testament – est venue. Le sang de Jésus est le signe que Dieu garde sa promesse de sauver tous ceux qui se confient dans sa mort.

- **Marc 14:25.** Jésus veut faire comprendre à ses disciples que sa mort n'est pas la fin ! Ils mangeront et boiront avec lui dans le royaume de Dieu.

JÉSUS EST PRÊT À MOURIR

⊕ *Tu dois peut-être passer un examen ou une épreuve. Peut-être as-tu un entretien en vue d'un travail. Que fais-tu avant de t'y rendre ? Tu te prépares ! Tu sais qu'il va falloir être prêt.*

Pour Jésus c'est beaucoup plus difficile. Il doit passer par l'épreuve la plus difficile et la plus douloureuse qu'on puisse imaginer. Et il est prêt.

- Il est prêt à manger le repas de la Pâque avec ses disciples (Marc 14:12-16).

- Il est prêt à être vendu (« trahi ») par Judas (Marc 14:17-21).

- Il est prêt à participer à un repas qui annonce sa propre mort ! (Marc 14:22-25)

[Parlez encore de ces trois choses. Jésus est au contrôle des événements. Il est prêt à partir « selon ce qui est écrit de lui » (Marc 14 :21).]

> ⯈ *Très souvent, **nous** ressemblons aux disciples. Nous sommes faibles et remplis de peur. Nous avons du mal à faire confiance à ce que dit Dieu dans sa Parole. Mais **notre Sauveur**, lui, était prêt à mourir pour nous. Il était prêt à connaître une telle douleur pour nous ! N'est-ce pas une raison pour l'aimer de tout notre cœur ?*

« PRENEZ ! »

📖 *Marc 14:22*

Jésus est prêt à mourir. Et il va devoir mourir seul. Car Jésus seul peut enlever nos péchés. Néanmoins, Jésus veut que ses disciples **participent** à cet événement. Car Jésus meurt **pour eux**. C'est pourquoi ils devront manger ce « repas de la mort » ensemble. Jésus est en train de leur dire : « Je vais mourir. Mais c'est pour **vous** que je le fais. Prenez mon « corps » et mon « sang ». Venez vous joindre à moi dans ma mort ».

[Parlez du repas de la Pâque. Parlez du fait que les Israélites devaient participer activement à ce repas. Chacun devait manger un morceau de l'agneau. On devait mettre du sang au-dessus des portes. Chacun se trouvait en sécurité s'il participait activement à ces choses.]

> ⯈ *Nous aussi nous devons participer activement à sa mort ! Nous croyons que Jésus est mort. Mais cela ne suffit pas. La mort de Jésus ne nous sauve pas tous. Chacun doit accepter personnellement que Jésus soit mort pour lui. Je dois me confier en Jésus à titre personnel, afin qu'il me sauve, **moi**. Je ne suis en sécurité que si Jésus est **mon** « agneau pascal » (agneau de la Pâque). [Expliquez que nous ne devrions pas participer au repas du Seigneur avant de nous confier personnellement en Jésus de cette manière.]*

*Quand nous participons au repas du Seigneur nous devons faire très attention. Nous ne devons pas participer à ce repas par routine. Nous devons penser à la signification de ce repas pour nous. En mangeant le pain et en buvant le vin, nous pensons à la mort de Jésus qui enlève nos péchés. Nous nous souvenons aussi que le sang du Christ est le signe de sa nouvelle « alliance » – il **promet** de nous sauver et de nous bénir.*

60 LA GRANDE ÉPREUVE

▣ Contexte

Le moment est venu pour Jésus de mourir. Jésus a tout fait pour préparer ses disciples à ce moment. Mais sont-ils prêts ? Ici Marc nous montre la différence entre les **disciples** et **Jésus** :

📖 *Marc 14:27-31.* Les disciples **disent** qu'ils sont prêts à tout - y compris la mort.

📖 *Marc 14:32-42.* Mais Jésus **prie** pour se préparer à mourir sur la croix.

Cette prédication concerne Marc 14:32-42. Nous reviendrons plus tard sur Marc 14:27-31, lorsque nous verrons ce qui arrive à Pierre. 📖 *Marc 14:66-72.*

▣ Leçon principale

Jésus choisit de faire la volonté de son Père et de prendre sa croix. Et nous, que choisirons-nous ?

⊞ Un travail à faire

Ces versets parlent surtout de **Jésus.** Ils nous incitent à adorer et à aimer celui qui était prêt à tant souffrir pour son peuple !

Néanmoins, Marc veut aussi nous parler **des disciples**. Sommes-nous prêts à affronter nous-mêmes la souffrance ? Car celui qui suit Jésus ne manquera pas de souffrir. 📖 *Marc 8:34-35.* Nous aurons à choisir chaque jour de notre vie : acceptons-nous le chemin difficile, comme Jésus, ou allons-nous « dormir », comme les disciples ? [Pensez à des exemples que vous pouvez donner pour vos auditeurs.]

▣ Notes

- **Marc 14:35-36.** Marc nous a montré à quel point Jésus est prêt à mourir. Jésus a déjà dit, à de nombreuses reprises, qu'il est venu pour mourir. Et nous ne devons **pas** penser qu'il change d'avis dans ces versets. Mais ce qu'il vit est extrêmement douloureux ! C'est pourquoi il crie à Dieu, lui demandant s'il n'y aurait pas un autre chemin. Cependant, **avant toutes choses**, Jésus veut faire la volonté de son Père.

- **Marc 14:36.** « Coupe » ou « coupe de la souffrance ». 📖 *Psaume 75:8.* Nous méritons tous de boire la coupe de la colère de Dieu. Mais maintenant Jésus devra boire **notre** coupe à notre place. Jésus boira la coupe de la colère de Dieu qui se manifeste contre **notre** péché. Pour Jésus, la chose la plus difficile à affronter sur la croix est **la colère de son Père**.

- **Marc 14:38.** « L'esprit est bien disposé » - les disciples **veulent** rester auprès de Jésus (Marc 14:31). « Mais la chair/ le corps (la nature humaine) est faible » - ils devront prier car ils auront besoin de l'aide de Dieu. (Dans Marc 14:42, ce moment arrive, mais les disciples ne sont toujours pas prêts !)

JÉSUS DIT OUI À LA CROIX

1. JÉSUS RESSENT LA DOULEUR

📖 *Marc 14:33-36*

⊕ *Imagine qu'on te demande de boire un puissant poison amer. Son goût est mauvais et ça brûle comme du feu. Et tu devras tout boire – une grande coupe !*

Ce que doit boire Jésus est pire que cela. Il va mourir sur la croix. Pour Jésus, la croix est comme une coupe remplie de la colère ardente de Dieu. Comme une coupe remplie de la malédiction de Dieu. Comme une coupe remplie des châtiments de l'enfer. Et il le fait parce que Jésus prendra **nos péchés** sur lui-même. C'est nous qui méritons la punition mais c'est Jésus qui sera puni à notre place (1 Pierre 2:24).

• Comment Jésus vit-il cela ? Qu'en dit-il ?

Jésus ressent la douleur tout comme nous. C'est pourquoi il fait part à son Père de ce qu'il ressent. Il crie sa douleur et ses angoisses. Ce qui l'attend à la croix est tellement éprouvant qu'il aspire à trouver une autre voie.

2. JÉSUS DIT OUI

📖 *Marc 14:36*

⊕ *T'arrive-t-il de dire « oui » sans penser à ce que tu dis ? Plus tard, tu regrettes de ne pas avoir dit « non » !*

Jésus voit bien quelles souffrances l'attendent à la croix. Il sait que ce sera très dur. **Et malgré cela, il dit oui !** Jésus aurait préféré de très loin ne pas avoir à souffrir. Mais par-dessus tout, il veut plaire à son Père. Jésus doit accomplir pleinement le plan de Dieu pour le salut de nous tous.

⏩ *Remercie Jésus d'avoir été prêt à souffrir tant. Dis-lui ton amour ! Loue-le pour ce qu'il a fait ! [Parlez plus longuement de ces choses. Aidez vos auditeurs à comprendre l'immensité de tout ce qu'a fait Jésus pour nous. Vous pouvez envisager aussi un temps de chant ou de prière !]*

LES DISCIPLES DORMENT

📖 *Marc 14:37-42*

Les disciples ne veulent pas échouer ! Comme Jésus, ils veulent faire la volonté de Dieu. Cependant, ils sont très faibles.

• Comment Marc nous fait-il comprendre à quel point les disciples sont faibles ?

⏩ *Veux-tu suivre Jésus ? Désires-tu faire la volonté de Dieu ? **Cela ne suffira pas ! Parce que tu es trop faible.***

Quand trouves-tu difficile de faire ce que Jésus te demande ? Quand viennent ces temps d'épreuve nous devons :

• *prier. Chaque matin, demande à Dieu de te tenir prêt à faire des choses difficiles pour Jésus.*

• *placer notre confiance en Jésus, qui a lui-même dit oui à la chose la plus difficile qu'il soit.*

61 JÉSUS VA À LA MORT

▣ Contexte

Jeudi soir. Tard dans la nuit. Jésus est prêt à aller à la croix. Il a prié. Il a bu la « coupe » des souffrances et il a dit « oui ». Les disciples disent être prêts à aller avec lui. Mais ils sont faibles. Ils n'ont pas prié (Marc 14:27-42).

Maintenant Jésus se lève pour aller à la mort.

📖 *Marc 14:41-52.*

▣ Leçon principale

Jésus se **donne**. Il se livre lui-même à la mort. Les disciples s'enfuient pour **sauver** leurs vies.

▣ Un travail à faire

N'oubliez pas que les disciples n'ont toujours pas compris. Ils continuent à espérer que Jésus deviendra un grand Roi. Ils sont prêts à rester auprès de Jésus et à se battre avec lui ! En même temps, ils ne sont pas prêts à suivre quelqu'un qui connaît l'échec. Ils ne sont toujours pas prêts à voir Jésus s'en aller à la croix. Essayez de pensez aux différentes manières dont nous pourrions leur ressembler.

▣ Notes

• **Marc 14:44.** Judas embrasse Jésus afin de le livrer à ses ennemis. On doit être très clair sur ce point. Il fait noir. Il est possible que personne dans la foule ne soit en mesure de reconnaître Jésus.

• **Marc 14:47.** En lisant Jean 18:10, nous apprenons qu'il s'agit de Pierre. Les disciples ne sont pas des lâches. Ils sont prêts à se battre. Cependant, lorsque Jésus refuse de se battre, ils prennent la fuite. Ils ne sont pas prêts à mourir pour rien.

• **Marc 14:48.** Ils traitent Jésus comme s'il était un hors-la-loi ou un meneur de rébellion !

• **Marc 14:49.** Ils n'ont pas voulu arrêter Jésus dans le temple. Et ils n'ont pas voulu l'arrêter en plein jour. D'après **Marc 12:12**, ils avaient peur de la foule.

• **Marc 14:49-50.** Des textes de l'Ancien Testament disaient que ces choses allaient arriver. Et Jésus le savait. 📖 *Marc 14:27* (Zacharie 13:7). 📖 *Jean 18:1-11.* Ceci nous montre que Jésus reste au contrôle de tout ce qui lui arrive, même de sa propre arrestation !

JUDAS TRAHIT UNE VIE
📖 *Marc 14:43-45*

[Essayez de « peindre un tableau » avec des mots. Aidez vos auditeurs à bien s'imaginer l'histoire.] Les actions de toutes ces personnes sont très mauvaises. Les chefs religieux des Juifs ont payé Judas pour leur livrer Jésus. Ils ont aussi donné de l'argent pour acheter les services d'autres personnes mauvaises. Ils viennent arrêter Jésus de nuit. Et Jésus est innocent ! Ils ont une telle haine pour Jésus qu'ils sont prêts à faire n'importe quoi afin de le faire mourir. Il faut que Jésus meure, à tout prix !

Jésus les attend. Il est prêt. Il est même prêt à se laisser embrasser par Judas. Quel geste affreux de la part de Judas !

⏵ *Ne soyons pas étonnés si un jour nous voyons des personnes religieuses faire de mauvaises choses ! Ne soyons pas surpris si un jour nous voyons des responsables chrétiens faire de mauvaises choses ! À ton avis, pourquoi ces choses arrivent-elles ?*

JÉSUS DONNE SA VIE
📖 *Marc 14:46-49*

Nous savons que Jésus est prêt à partir à la croix. Il se dirige lui-même vers ceux qui viennent l'arrêter ! Nous savons qu'il a le pouvoir de les arrêter ou de faire appel à des anges qui viendraient les tuer. Leurs épées et leurs bâtons ne peuvent rien face au pouvoir de Jésus ! Nul besoin de venir si nombreux d'une telle manière. Jésus **se livre** à eux. Il les **laisse** se saisir de lui et le lier avec des cordes.

📖 *Marc 14:27.* Jésus sait ce que dit l'Ancien Testament le concernant. Dans Zacharie 13:7 nous lisons que **Dieu** frappera le Berger. Jésus sait donc que ce qui lui arrive est la volonté de **Dieu**. Jésus est le Bon Berger. Il se plaît de donner sa vie pour ses brebis. 📖 *Jean 10:11, 14-18.*

⏵ *Que penses-tu de ce merveilleux Jésus ?*

⏵ *Si tu n'as pas encore choisi de suivre Jésus, comment ces choses t'encouragent-elles à te confier en lui ?*

LES DISCIPLES SAUVENT LEURS VIES
📖 *Marc 14:50-52*

Personne ne voudrait ressembler à Judas. Il a trahi son meilleur ami ! Mais sommes-nous heureux de ressembler aux autres disciples ? Que font-ils ?

- Ils sont prêts à se battre – mais Jésus s'y oppose.

- Ils avaient promis de rester auprès de Jésus. Mais ils prennent la fuite. 📖 *Marc 14:29, 31.*

⏵ *La croix te fait-elle peur comme elle a fait peur à ces disciples ? Quand les gens se moqueront de toi, seras-tu prêt à rester avec Jésus ? Ou risques-tu plutôt de fuir ?*

Nous devons nous rappeler 📖 *Marc 14:27* ! Les brebis prendront la fuite, parce que Jésus doit mourir seul pour nos péchés. Malgré cette fuite, Jésus reste prêt à mourir pour ces brebis qui ont peur !

62 NON COUPABLE !

▣ Contexte

Les chefs religieux des Juifs viennent de faire arrêter Jésus. Ils veulent le tuer. Cependant, les Juifs n'ont pas le droit de le tuer eux-mêmes, parce que le pays est contrôlé par les Romains. S'ils veulent le faire mourir, ils devront donc montrer qu'il est coupable d'un crime qui mérite la mort. Ils devront montrer à Pilate, le chef Romain, pourquoi ils pensent que Jésus doit mourir.

📖 *Marc 14:55-65, 15:1-5.*

Marc veut aussi nous parler de Pierre. Jésus sera accusé de blasphème. Mais Pierre sera aussi accusé à son tour. Nous devons remarquer le contraste entre Jésus et Pierre — 📖 *Marc 14:53-54, 66-72.*

◉ Leçon principale

Personne ne trouve de raison d'accuser Jésus. Jésus va à la mort parce qu'il dit qu'il est le Christ (Messie).

⊞ Un travail à faire

Dans cette partie, essayez d'enseigner trois leçons différentes :

- nous voulons aimer Jésus à cause de ce qu'il a fait.

- nous voulons ressembler à Jésus quand il nous arrive de souffrir en tant que chrétiens. (Cependant, cela ne veut pas dire que nous ne devons jamais nous élever contre le mal ou contre l'injustice !)

- nous voulons être prêts à rencontrer Jésus le Juge.

◉ Notes

- **Marc 14:55.** « Le Sanhédrin » (ou « Conseil supérieur »). C'était le principal tribunal des Juifs.

- **Marc 14:58.** 📖 *Jean 2:19.* Jésus n'a jamais dit qu'il détruirait le temple **lui-même**. Et de toutes façons, il parlait de lui-même. Ils le tueront, **lui**, et il ressuscitera d'entre les morts trois jours plus tard.

- **Marc 14:62.** 📖 *Daniel 7:13, 14.* Pour parler de lui-même, Jésus utilisait souvent l'expression « le Fils de l'homme ». Maintenant il explique clairement le sens de ses paroles. Il est le Christ, le Messie. Il s'assiéra à la droite de Dieu et viendra juger le monde.

- **Marc 14:63.** Le grand prêtre déchire ses vêtements pour montrer qu'il n'est pas du tout heureux de ce que Jésus vient de dire. Il pense que ce que dit Jésus est un « blasphème ». Jésus dit des choses que seul Dieu peut dire. (Mais en lui-même le grand prêtre est **heureux** de l'entendre dire ces choses ! Les Juifs auront, enfin, une raison de mettre Jésus à mort.)

NON COUPABLE !

📖 *Marc 14:55-61*

Dans beaucoup de pays, les gens ont de la haine pour les chrétiens. Comme les Juifs avaient de la haine pour Jésus. Certains diront des mensonges au sujet des chrétiens, afin de les mettre en prison ou de les faire mourir. *[Servez-vous d'une vraie histoire, si vous en connaissez une.]* Nous pouvons louer Dieu du fait que Jésus sait ce qu'on ressent lorsque ces choses nous arrivent ! Et nous pouvons demander l'aide de Dieu. Prions aussi pour ces chrétiens qui souffrent afin qu'ils restent fidèles à Dieu.

Ils ne pouvaient trouver aucune raison de l'accuser !

[Parlez de la vie de Jésus. Une vie tellement belle, tellement parfaite. Toutes ses pensées, toutes ses paroles et toutes ses actions étaient parfaites.]

Ces Juifs font tout pour trouver une raison d'accuser Jésus. Certains racontent des mensonges à son sujet. D'autres prennent des paroles prononcées par Jésus (Marc 14:58) et les transforment pour les utiliser contre lui. Mais il est clair que rien de ce qu'ils racontent n'est vrai. Tout le monde sait que Jésus n'a jamais rien fait de mal !

• Que répond Jésus à ces accusations ?
📖 *Marc 14:60, 61.*

Jésus n'a **pas besoin** de répondre à ces accusations. Tout le monde sait qu'il est innocent. Ceci nous rappelle aussi la raison pour laquelle Jésus se rendra à la croix. Il y meurt pour les pécheurs. Nous, nous **sommes** coupables. Mais Jésus, lui, est prêt à souffrir à notre place (Esaïe 53:6,7).

> ⧈ *Comment réagis-tu en voyant Jésus dans ce récit ? Comment son exemple t'aide-t-il lorsque les gens t'accusent faussement ?*

COUPABLE !

📖 *Marc 14:61-65*

Il y a une chose que Jésus est prêt à dire très volontiers. Il **est** le Christ.

• Pourquoi le grand prêtre devrait-il avoir peur en entendant les paroles de Jésus dans Marc 14:62 ? (Voir ⧈ **Notes**)

Cependant le grand prêtre n'a pas peur ! Il est heureux d'avoir trouvé une raison d'accuser Jésus. Jésus vient de dire des choses que seul Dieu peut dire. Il est donc coupable ! Il doit mourir ! Alors, ils emmènent le Fils de Dieu, ils lui crachent dessus, ils le frappent et ils se moquent de lui.

Mais Marc 14 nous montre très clairement qui sont les vrais coupables. Ces hommes jugent Jésus, mais c'est **eux** qui sont coupables. Et un jour, ils se trouveront devant **leur** Juge - Jésus !

> ⧈ *Ce que dit Jésus dans Marc 14:62 est tout à fait vrai. Il est le Christ. Il est le Juge. Lorsque Jésus reviendra, tout le monde le verra. Et il viendra juger chacun d'entre nous.*

> ⧈ *Alors, que feras-**tu** de Jésus ? Et que fera-t-il de toi ?*

Pendant tout ce temps, Pierre observe de loin (Marc 14:53-54). Que fera Pierre lorsqu'on commencera à **lui** parler de Jésus ? Et comment réagissons-**nous**, face aux gens qui haïssent notre Sauveur ? Parles-tu volontiers de ton appartenance à Jésus ? Et quand tu n'as rien fait de mal, acceptes-tu de souffrir pour Jésus ? Plus tard, Pierre écrira ces paroles : 📖 *1 Pierre 2:20-23.*

63 « JE NE CONNAIS PAS CET HOMME ! »

▣ Contexte

Plus tôt dans la soirée, Jésus a annoncé à ses disciples qu'ils allaient l'abandonner. Pierre ne l'a pas cru ! Pierre a promis de rester avec Jésus, même s'il fallait mourir ! 📖 *Marc 14:27-31.*

Mais maintenant les Juifs viennent d'arrêter Jésus. Les disciples ont pris la fuite. Pierre revient pour voir ce qui adviendra de Jésus. Il observe le grand prêtre qui pose des questions à Jésus. 📖 *Marc 14:53-65.*

▣ Leçon principale

Même Pierre n'a pas la force nécessaire pour suivre Jésus. Nous avons **tous** besoin de la mort de Jésus sur la croix pour nous sauver !

▣ Un travail à faire

La crainte que nous avons des autres peut être très grande. Nous craignons ce qu'ils pourront nous dire et nous craignons ce qu'ils pourront nous faire. Nous avons besoin de nous aider les uns les autres à surmonter cette crainte. Ces textes de la Bible peuvent aider dans ce sens : 📖 *Proverbes 29:25 ; Matthieu 10:28 ; 1 Pierre 3:13-17.*

▣ Notes

- **Marc 14:27.** Jésus utilise des paroles tirées de Zacharie 13:7 dans l'Ancien Testament. Ces paroles montrent que tout va se passer selon le plan de Dieu. **Dieu** frappera le Berger (Jésus). Et les brebis (les disciples) prendront la fuite.

- **Marc 14:28.** Jésus a déjà annoncé à ses disciples qu'ils vont l'abandonner. Mais, après sa résurrection d'entre les morts, ils reviendront à lui. Jésus veut que ses disciples comprennent que sa mort ne sera pas la fin.

- **Marc 14:68.** « Il le nia. » Cela veut dire que Pierre dit que ce n'est pas vrai. Relisez Marc 14:30-31. Pierre avait annoncé à Jésus qu'il ne le « renierait » jamais (dire qu'il ne le connaissait pas).

- **Marc 14:72.** « Le coq chanta. » Il s'agit bien sûr du cri du coq – que l'on entend souvent très tôt le matin.

PIERRE SUIT JÉSUS « À MOITIÉ »

📖 **Marc 14:54**

Jésus ne demande jamais à son peuple de le suivre **juste un petit peu**. Pierre pensait sans doute se tenir encore suffisamment près de Jésus pour être encore avec lui. En même temps il pensait être suffisamment loin de Jésus pour être à l'abri. Mais avait-il raison ?

> 🗩 *Es-tu comme Pierre ? Peut-être es-tu très heureux de te dire chrétien. Mais en même temps tu as peur de ce que les gens penseront de toi s'ils l'apprennent. Peut-être essaies-tu de vivre comme tout le monde. Or, Jésus te voit et t'observe. Il sait si tu as honte de lui.*

PIERRE DIT QU'IL NE CONNAÎT PAS JÉSUS

📖 **Marc 14:66-71**

- Pourquoi Pierre dit-il qu'il ne connaît pas Jésus ?
- Pourquoi a-t-il peur ? Quelles sont ses craintes ?

[Aidez vos auditeurs à identifier leurs craintes. Que craignent-ils exactement ? Quand nous arrive-t-il de vouloir cacher aux autres ce que nous pensons de Jésus ? Pourquoi ?]

> 🗩 *Pour finir, Pierre va jusqu'à faire des imprécations et à jurer qu'il ne connaît pas Jésus. Et toi, de quelles différentes manières as-tu caché aux autres ton amour pour Jésus ?*

PIERRE PLEURE

📖 **Marc 14:72**

- Pourquoi Pierre pleure-t-il ? C'est à cause de son **orgueil** (Marc 14:29-31). Il n'a pas voulu **écouter** les mises en garde de Jésus. Et il a eu **honte** de Jésus, qu'il aime pourtant...

> 🗩 *T'est-il arrivé de pleurer comme Pierre ? As-tu attristé Jésus ? Ou es-tu plutôt préoccupé par ce que les autres pensent de toi ?*

Comme cela est arrivé à Pierre, il arrive à **tous** les chrétiens de connaître l'échec. Nous connaissons tous des moments où nous nous sentons faibles ou des moments où nous avons peur. Mais nous devons nous rappeler la raison pour laquelle Jésus est allé à la croix. Il est mort pour des pécheurs, pour des personnes faibles, incapables de se sauver elles-mêmes. Jésus a observé l'échec de Pierre. Et il savait que par sa mort sur la croix, il payerait le prix du péché de Pierre. Pierre disait des choses atroces, mais Jésus le pardonnerait. Jésus voulait confier à Pierre une mission importante. Beaucoup plus tard, Pierre lui-même a donné sa vie pour Jésus.

> 🗩 *Demande à Jésus de te pardonner ton péché. Demande-lui de t'aider à entendre les leçons qu'il veut t'apprendre. Demande-lui de te changer. Demande-lui de te rendre fort. Comme il l'a fait pour Pierre.*

64 FAIS-LE MOURIR SUR UNE CROIX !

⊙ Contexte

Tout au long de la nuit de jeudi à vendredi, les chefs religieux des Juifs prononcent des paroles contre Jésus. Ils font tout pour trouver une raison de punir Jésus. Puis enfin, Jésus finit par leur dire qu'il est le Christ, le Fils de Dieu. Pour les Juifs c'est un blasphème. Pour avoir dit cela, Jésus devra mourir.

Mais maintenant ils vont devoir se rendre chez **Pilate**, le gouverneur (chef) Romain. Seul Pilate a le pouvoir de donner l'autorisation de mettre Jésus à mort. Quel crime Jésus a-t-il commis qui mérite la mort ?

Jésus leur a dit qu'il est le Christ. Cela veut dire qu'il est le Roi. Mais c'est **Pilate** qui est le chef du pays ! Les Juifs doivent donc faire croire à Pilate que Jésus est une menace. Si Jésus est un Roi, il risque d'encourager les Juifs à s'opposer à Pilate !

📖 *Marc 15:1-15.*

⊙ Leçon principale

Jésus n'a rien fait de mal – et ils le font mourir sur une croix. Barabbas est coupable – et ils lui rendent sa liberté.

✶ Un travail à faire

Il est difficile de comprendre pourquoi les foules ont tant de haine pour Jésus. Il est difficile d'accepter qu'elles demandent qu'on le mette à mort en criant « Crucifie-le ! » Mais sommes-nous meilleurs qu'eux ? Que faisons-nous de Jésus aujourd'hui ? Pourquoi la grande majorité des gens ne veut-elle pas de lui ?

⊙ Notes

- **Marc 15:1-5.** Encore une fois, Jésus n'ouvre pas la bouche. Il ne dira pas qu'il est innocent (qu'il n'a rien fait de mal). Mais il leur dira qu'il est le Christ, le Roi des Juifs (voir Marc 14:60-62).

- **Marc 15:6-10.** Pilate a peur des chefs religieux des Juifs. C'est pourquoi il a peur de relâcher Jésus. Alors il compte sur l'intervention de la foule pour pouvoir enfin le libérer. Certainement, ces Juifs voudront libérer Jésus ! Au moment de la Pâque, Pilate libère toujours un prisonnier. Barabbas est un criminel dangereux. Il a semé la terreur dans les rues et c'est un tueur. Pilate pense que les foules lui demanderont de libérer Jésus, et non pas Barabbas.

- **Marc 15:13.** « Crucifie-le ! » Cela veut dire : « Fais-le mourir sur une croix ! »

- **Marc 15:15.** Marc ne parle pas beaucoup des souffrances impensables qu'a connues Jésus à la croix. Car la mort aux mains des Romains était lente et douloureuse. Mais Marc ne veut pas mettre l'accent sur ces choses. Pour Marc, la chose la plus importante est de nous poser la question : **pourquoi** Jésus est-il mort sur la croix ?

TUONS UN INNOCENT !

📖 *Marc 15:13-14*

⊕ *Racontez une histoire qui parle d'un homme innocent. Il est innocent mais le tribunal le déclare coupable. Tout le monde sait qu'il est innocent. Toujours est-il qu'il ira en prison. Pourquoi une telle chose arrive-t-elle ?*

Tout le monde sait que Jésus n'a rien fait de mal.

Pilate connaît très bien les vrais motifs des Juifs en lui amenant Jésus. 📖 *Marc 15:10.* Pilate sait qu'ils racontent des mensonges sur Jésus (Marc 15:3-5). Jésus dit qu'il est le Roi des Juifs mais cela n'inquiète pas Pilate. Il sait que Jésus ne s'oppose pas aux Romains. Alors Pilate essaie de libérer Jésus (Marc 15:9, 12, 14). Jésus est innocent – mais cela n'empêchera pas Pilate de le livrer pour être tué sur une croix. Marc 15:15. Pilate a peur de la foule. Il a peur aussi de leurs chefs !

Les foules aussi savent que Jésus est innocent. 📖 *Marc 15:14.* Personne ne peut dire quel crime Jésus aurait commis. Les foules ne font que crier de plus en plus fort demandant qu'on le mette à mort.

Aujourd'hui encore, les gens savent que Jésus ne méritait pas la mort. La plupart des gens disent que Jésus était quelqu'un de bien.

⏩ *Jésus était innocent. Mais nous, nous ne sommes pas innocents. Jésus est mort à cause de mon péché.*

LIBÉRONS UN COUPABLE !

📖 *Marc 15:6-12*

Il est important de voir les différences entre Barabbas et Jésus. (Jésus guérit les malades, Barabbas est un tueur. Jésus est innocent. Barabbas est coupable…).

[Expliquez que Pilate espère que les foules vont vouloir libérer Jésus.] Le peuple a le choix. Demanderont-ils qu'on leur relâche Jésus - qui leur a fait tant de bien ? Ou choisiront-ils Barabbas – qui a fait tant de mal ?

Il est difficile de croire leur réponse. Préparons-nous à une mauvaise surprise ! Ils savent que Jésus n'a rien fait de mal. Et pourtant, ils le **haïssent** tellement qu'ils veulent le faire mourir. Pourquoi ?

⏩ *C'est comme si le monde entier a conspiré pour envoyer Jésus à la croix. Les chefs des Juifs, le gouverneur Romain et le peuple ordinaire sont tous du même avis. Mais toi, n'es-tu pas aussi comme eux ?*

Ils ont préféré Barabbas à Jésus. Parce qu'ils aimaient le mal et non le bien. Et toi, lorsque tu choisis de pécher, es-tu vraiment meilleur qu'eux ? Certes, tu n'as pas demandé de mettre Jésus sur la croix, mais n'en fais-tu pas autant lorsque tu l'éloignes de ta vie ? Peut-être ne veux-tu pas choisir Jésus parce que tu ne veux pas changer ? Dans ce cas, es-tu meilleur que ceux qui l'ont envoyé à la croix ?

Jésus n'a rien fait de mal ! Mais il est mort à la place de personnes mauvaises comme Barabbas et comme nous. Demanderas-tu à Jésus de te pardonner et d'être ton Sauveur ?

65 LE SAUVEUR QUE TOUT LE MONDE REJETTE

◉ Contexte

Souvenez-vous de la manière dont Marc raconte son histoire.

- Dans Marc 1-8, il répond à la question : **qui est Jésus ?**
- Dans Marc 9-16, il répond à la question : **pourquoi est-il venu ?**

Jésus nous a dit, à de nombreuses reprises, qu'il est venu **mourir pour les pécheurs**. Maintenant, ce que Jésus a dit se réalise. Et en voyant cela, nous sommes à la fois **tristes** et **heureux**. Nous sommes **tristes** en voyant tant de cruauté et de souffrance. Mais nous sommes aussi **heureux** parce que nous savons que Jésus est en train de faire **ce pour quoi il est venu**. À la croix, Jésus accomplit parfaitement le plan de Dieu pour le salut des hommes. Gloire à Dieu ! 📖 *Marc 15:16-32.*

◉ Leçon principale

Jésus est le Sauveur. Mais tout le monde le rejette.

⊞ Un travail à faire

L'enseignement de cette partie du livre est particulièrement grave et important. Priez pour ceux qui ne veulent pas recevoir Jésus comme Sauveur.

Essayez aussi d'apporter un encouragement aux **chrétiens**. Nous voulons aimer Jésus et le louer pour ce qu'il a fait pour nous. Il nous a sauvés quand nous, nous ne vou-lions pas de lui ! Il nous a aimés quand nous le haïssions !

◉ Notes

- **Marc 15:17.** Les soldats habillent Jésus comme un roi pour se moquer de lui. Ils fabriquent une « couronne » avec une plante qui a des épines pointues. Cela fait très mal à Jésus lorsqu'ils la placent sur sa tête.

- **Marc 15:21.** Ceci nous apprend que Jésus n'a plus assez de force pour pouvoir porter sa croix lui-même. Il a déjà beau-coup souffert.

- **Marc 15:23.** « La myrrhe. » On lui donne ce produit sans doute pour arrêter la douleur. Cependant, Jésus est prêt à accepter toute la douleur et refuse de boire ce vin.

- **Marc 15:26.** Ils écrivent son « crime » pour que tout le monde puisse le voir. Ils ont cloué Jésus sur la croix parce qu'il était « le Roi des Juifs ».

- **Marc 15:29, 32.** Les passants « l'inju-riaient » ou « lui lançaient des insultes ». Ceci signifie qu'ils prononçaient des paroles vulgaires contre lui.

TOUS REJETTENT LEUR SAUVEUR

[Décrivez la manière dont les différents groupes se moquent de Jésus. De quelles manières montrent-ils ce qu'ils pensent de Jésus ? Quelles souffrances Jésus doit-il endurer ?]

- Les soldats. 📖 **Marc 15:16-20.**
- Les passants. 📖 **Marc 15:29-30.**
- Les chefs des Juifs. 📖 **Marc 15:31-32.**
- Les deux voleurs. 📖 **Marc 15:27, 32.**

Jésus ne faisait que du bien. Mais ici personne ne parle en sa faveur. Tout le monde veut sa mort. Tous rejettent leur Sauveur.

> ⏩ *Cela est-il encore vrai aujourd'hui ? Qui sont ceux qui se moquent des chrétiens ? Qui sont ceux qui ne veulent rien savoir de Jésus ? Aujourd'hui encore, que disent les gens d'un Sauveur qui meurt sur une croix ? Et toi, qu'en dis-tu ?*

JÉSUS EST VRAIMENT LEUR SAUVEUR

Depuis la croix, Jésus voyait bien ce que pouvaient penser les hommes de lui. Et malgré cela il nous aime. Il aime aussi ceux qui l'ont frappé et qui se sont moqués de lui. Quel bel exemple pour nous d'un Sauveur !

Reprenons les paroles qu'ils ont prononcées contre Jésus. Et si leurs insultes étaient vraies ?

- **« Roi des Juifs ».** 📖 **Marc 15:18, 26.** Les soldats se sont bien amusés en se moquant de Jésus. Mais Jésus est *vraiment* le Roi promis par Dieu ! Il *est* le Roi des Juifs. Et il est aussi le Roi de nous tous.

> ⏩ *Beaucoup d'entre nous plions le genou pour adorer Jésus comme Roi ! Nous savons que c'est la vérité et nous l'aimons ! Qu'en est-il de toi ? Depuis des années, tu chantes des chants pour Jésus. Mais adores-tu vraiment le Roi ?*

- **« Il a sauvé les autres, il ne peut se sauver lui–même ! »** 📖 **Marc 15:31.** Cela aussi est *vrai* ! Jésus, le Sauveur, *ne peut pas* descendre de la croix. Parce qu'il doit sauver son peuple de leurs péchés. Et c'est seulement par la croix que Dieu peut nous sauver. *[Parlez plus longuement de ces choses. Montrez comment Jésus a payé le prix de nos péchés (Marc 10:45). Parlez de son grand amour.]*

> ⏩ *Peux-tu dire : Jésus ne pouvait pas se sauver lui-même parce qu'il est mort pour **me** sauver, **moi** ? Donneras-tu gloire à Jésus parce qu'il **est** le Sauveur, **ton** Sauveur ?*

66 LE CHEMIN QUI MÈNE A DIEU

◘ Contexte

Déjà au commencement de son livre, Marc nous apprend que Jésus est le Christ, le Fils de Dieu. 📖 **Marc 1:1.** Mais Pierre et les autres disciples ont mis beaucoup de temps avant de le croire réellement ; 📖 **Marc 8:29.**

Maintenant, alors que Jésus est en train de mourir, même un soldat Romain voit la vérité. 📖 **Marc 15:39.** C'est ici, à la croix, que nous voyons la vérité sur Jésus.

◘ Leçon principale

Jésus est mort sous l'effet de la colère de Dieu, afin de nous amener à Dieu.

✠ Un travail à faire

Ceux qui ne sont pas chrétiens doivent comprendre pourquoi Jésus a dû mourir. Cette prédication les aidera à le faire. Vous pouvez envisager d'organiser une réunion spéciale et d'inviter les gens à venir écouter ce message. Vous pouvez aussi demander à un chrétien de raconter comment il en est venu à mettre sa confiance dans la mort de Jésus.

◘ Notes

• **Marc 15:33.** « La sixième heure » c'est midi. Il fait noir pendant trois heures au milieu de la journée. Il ne s'agit pas d'une éclipse. Quand il y a une éclipse, la lune cache le soleil pendant quelques minutes seulement. Mais maintenant Dieu envoie les

ténèbres sur « toute la terre » (tout le pays) pour faire réfléchir les gens. Souvent dans la Bible, les ténèbres nous montrent que Dieu est en colère (Esaïe 13:9-10).

• **Marc 15:34.** Ce cri nous montre que la colère de Dieu *est* sur **Jésus**. Jésus sait que Dieu s'est retiré de lui. (« Abandonné » signifie que Dieu l'a quitté.) Pour Jésus, c'est comme s'il était en enfer. La colère de Dieu est sur Jésus. Dieu punit Jésus pour les péchés de son peuple.

• **Marc 15:35-36.** Ils ne comprennent pas ce qu'il dit. Ou peut-être se moquent-ils de Jésus. Ils font croire que Jésus appelle Élie, le célèbre prophète. Ceci montre à quel point il est possible d'être aveugles et de ne rien voir.

• **Marc 15:38.** Le temple de Jérusalem se trouvait dans une autre partie de la ville. Marc veut nous faire comprendre ce qui est arrivé dans le temple au moment même de la mort de Jésus. Le voile du temple était très grand et très épais. Seul Dieu pouvait déchirer ce voile du haut en bas.

Qu'est-ce que cela signifie ? Le voile (rideau) empêchait les gens d'entrer dans le « lieu très saint ». C'est là que Dieu montrait sa présence. Dieu est saint. Il est tellement saint que les gens pécheurs *ne peuvent pas* s'approcher de lui. (Seul le Grand Prêtre, au jour de l'expiation, pouvait passer de l'autre côté du voile et entrer dans le « lieu très saint ».) Mais quand Jésus est mort, Dieu a déchiré ce voile. Maintenant le chemin vers Dieu est ouvert. Jésus est le chemin qui permet aux pécheurs de s'approcher de Dieu ! (1 Pierre 3:18)

LA COLÈRE DE DIEU EST TOMBÉE SUR LUI

📖 *Marc 15:33-34*

⊕ *Pense à quelqu'un qui te fait peur. Imagine que cette personne est très en colère contre toi. Imagine que cette personne fait de toi ce qu'il veut.*

Nous avons fait le mal. Dieu devrait nous punir. *[Parlez plus longuement de cela.]* Nous avons besoin de retrouver la paix avec Dieu. Pourquoi ? Parce que sinon, un jour, toute la colère de Dieu nous tombera dessus.

Pense à Jésus sur la croix. Toute sa vie il a fait ce qui faisait plaisir à son Père. Depuis toujours son Père l'a parfaitement aimé. Mais maintenant le ciel s'assombrit. Imagine à quel point cela devait faire peur aux foules. Mais Jésus sait pourquoi il fait noir. La colère de Dieu se dirige contre **lui**. C'est comme s'il allait en enfer. C'est pourquoi il crie sa douleur : « Pourquoi m'as-tu abandonné ? »

Mais Jésus connaissait la réponse à cette question. La colère de Dieu est venue sur Jésus à cause de **notre** péché. La colère de Dieu s'est manifestée contre **notre** péché. Jésus a pris sur lui la punition que nous, nous méritons. *[Utilisez une image pour expliquer cela. Parlez de l'amour de Jésus. Montrez qu'il est merveilleux.]*

⏩ *Quelles en sont les conséquences pour nous aujourd'hui ?*

Il y a deux réponses possibles à cette question :

Tu as demandé à Jésus d'enlever ton péché en mettant ta foi en lui. *Il a été puni à ta place. Tu es libre ! La colère de Dieu ne viendra jamais sur toi. Ton amour pour Jésus est grand.*

⏩ **Tu n'as pas encore demandé à Jésus d'enlever ton péché.** *Dieu est encore en colère contre toi. Tu es en grand danger ! Tu risques de te retrouver en enfer. Tu ne dois surtout pas tarder à demander à Jésus d'être **ton** Sauveur !*

JÉSUS OUVRE LE CHEMIN

📖 *Marc 15:37-39*

⊕ *Qu'arrive-t-il si nous approchons une feuille de papier du feu ?*

Il est impossible de nous approcher de Dieu. Il est très saint et nous sommes des pécheurs. Dieu est comme un feu qui nous consumerait si nous nous approchions trop près de lui.

*[Parlez du temple et du voile. Vous pouvez en faire un dessin ou une maquette. Vous devez montrer à vos auditeurs que le peuple ne pouvait **jamais** s'approcher de Dieu.]*

Jésus est venu pour que cela change ! Par sa mort, Jésus ouvre un chemin qui permet aux hommes pécheurs de s'approcher de Dieu ! Dieu a déchiré le voile en deux. C'est un signe. C'est comme si Dieu nous crie un message : « Le chemin vers Dieu est ouvert ! Venez à moi par Jésus ! »

Notre **péché** est la raison pour laquelle nous ne pouvons pas nous approcher de Dieu. Mais Jésus est venu pour enlever notre péché ! Sa mort sur la croix nous ouvre un chemin vers Dieu.

⏩ *La mort de Jésus est la meilleure nouvelle qu'il soit pour des gens comme nous ! Elle nous ouvre un chemin vers Dieu. Maintenant Dieu nous appelle à nous approcher de lui, par Jésus ! Le feras-tu ? Ou resteras-tu loin de Dieu ?*

67 ILS L'ONT VU ET ILS EN ONT PRIS SOIN

◉ Contexte

Jésus vient de mourir. La manière dont il est mort fait dire à l'officier Romain sa certitude que : « Cet homme était le Fils de Dieu ».
📖 *Marc 15:39.*

Dans Marc 16, nous lirons le récit de la résurrection de Jésus d'entre les morts. Mais avant d'en parler, Marc veut nous faire bien comprendre qu'il ne peut y avoir d'erreur. Plusieurs personnes ont vu que Jésus est *vraiment mort.* 📖 *Marc 15:40-47.*

◉ Leçon principale

Tous n'ont pas abandonné Jésus à sa mort. Et ces personnes sont des témoins importants. Elles savent que Jésus est vraiment mort.

✦ Un travail à faire

Ces femmes et Joseph nous apprennent des leçons importantes. Priez que leur exemple soit un encouragement pour les chrétiens qui sont timides ou qui ont peur. Vous avez peut-être des auditeurs qui croient en Jésus mais qui ne l'ont pas encore dit à d'autres. Vous avez peut-être aussi des auditeurs qui n'ont pas encore décidé de se faire baptiser pour montrer qu'ils veulent suivre Jésus. Vous pourrez peut-être leur proposer des études bibliques pour les aider à réfléchir à l'importance de ces choses.

◉ Notes

• **Marc 15:42.** Le lendemain était le Sabbat (samedi). Le Sabbat commence dès le vendredi soir. Il fallait donc enterrer Jésus tout de suite, avant le commencement du Sabbat. (Le Sabbat est un jour de repos.)

• **Marc 15:43.** 📖 *Matthieu 27:57-60 ; Luc 23:50-54 ; Jean 19:38.* Joseph était un homme important parmi les Juifs. Tous les autres chefs des Juifs souhaitaient la mort de Jésus. Il était donc difficile pour Joseph de prendre position contre eux. Il faisait preuve de courage en voulant prendre soin du corps de Jésus.

• **Marc 15:44.** « Le centurion » (officier de l'armée) est celui qui donne les ordres. Ce centurion avait sans doute vu mourir beaucoup de personnes. Il a vu la manière dont Jésus est mort. Il pouvait témoigner que Jésus est *vraiment mort.*

JÉSUS EST *VRAIMENT* MORT

- Qui sont ceux qui ont vu Jésus mourir et qui peuvent témoigner qu'il est vraiment mort ?

Ils savaient tous avec certitude que Jésus est vraiment mort. Il est vrai qu'il est mort très vite. Mais il ne pouvait y avoir d'erreur. C'est la raison pour laquelle Joseph, par amour pour Jésus, s'est occupé de lui trouver un tombeau pour l'enterrer.

Il y a des personnes qui veulent croire que Jésus n'est *pas* vraiment mort. Et, dans ce cas, il n'est pas non plus ressuscité d'entre les morts ! Mais Marc prend soin de nous montrer que plusieurs personnes ont *vu* le corps. Jésus est *vraiment mort*.

> ⟫ *Un chrétien ne doit pas avoir peur de dire les faits. Parfois les gens peuvent nous poser des questions difficiles. Mais ce sont* **eux** *qui ont besoin de regarder la vérité en face. Jésus* **est** *mort et ressuscité d'entre les morts. Ces faits signifient que tout le monde devrait croire en Jésus.*

CEUX QUI EN PRENNENT SOIN

TROIS FEMMES

📖 **Marc 15:40-41, 47**

Les autres disciples ont pris la fuite. De ces disciples, seul Jean était présent à la croix. Mais ces femmes ont suivi Jésus et en ont pris soin. Maintenant, alors que Jésus vient de mourir, elles ne le quittent toujours pas. Et elles restent jusqu'au bout. Elles sont là lorsque Joseph met Jésus dans sa tombe. Ainsi, par amour pour Jésus, Joseph s'occupe de trouver un tombeau pour enterrer le corps.

> ⟫ *Ces femmes nous encouragent. On ne nous parlera pas de ce qu'elles* **disent**. *Mais elles* **montrent** *leur amour pour Jésus par ce qu'elles font pour lui. Elles restent auprès de lui lorsque tous les autres l'abandonnent. Aimes-tu Jésus comme ces femmes ? Comment peux-tu montrer à Jésus que tu l'aimes ?*

JOSEPH

📖 **Marc 15:43-46**

[Pour en savoir plus sur Joseph dans Matthieu, Luc et Jean, voir ◉ **Notes**.*]*

- Quand trouves-tu difficile de dire que tu crois en Jésus ?

Joseph a trouvé très difficile de le dire ! Il croyait en Jésus en secret. Les autres chefs des Juifs avaient de la haine pour Jésus et Joseph avait peur de dire aux autres qu'il croyait en Jésus.

Mais maintenant tout cela a changé. La mort de Jésus fait fuir les disciples qui ont peur. Mais pour Joseph c'est tout le contraire. La mort de Jésus lui donne du courage ! Il sait qu'il **doit** montrer son amour pour Jésus. Les autres chefs peuvent le haïr. Ils chercheront peut-être à le faire mourir. Mais le temps est venu pour Joseph de montrer qu'il croit. *[Parlez plus longuement de tout ce que fait Joseph pour Jésus.]*

> ⟫ *Lorsque tu penses à ce que Jésus a fait en mourant pour des gens comme nous, cela te pousse-t-il à l'aimer davantage ? Cela te rend-il courageux ? Le temps est-il venu pour toi de montrer à tout le monde que tu crois en Jésus ?*

68 JÉSUS EST RESSUSCITÉ !

◉ Contexte

Marc nous a montré que :

- Jésus est le Christ promis, le Fils de Dieu.

- Jésus est mort sur la croix, comme il l'avait annoncé.

- Ses disciples comprennent que Jésus est le Christ. Mais ils ne peuvent pas comprendre pourquoi il devait mourir. Et ils ne s'attendent pas à ce que Jésus ressuscite d'entre les morts !

📖 **Marc 16:1-8.** (Certaines personnes pensent que l'évangile de Marc s'arrête à Marc 16:8. Cela est possible. Et, dans ce cas, quelqu'un d'autre aurait sans doute ajouté Marc 16:9-20 plusieurs années plus tard.)

◉ Leçon principale

Jésus est ressuscité d'entre les morts, comme il l'avait dit.

⊞ Un travail à faire

La majorité de vos auditeurs croit ces choses. Ils savent que Jésus est ressuscité. Mais plusieurs n'arrivent toujours pas à se confier en lui ! Comment pouvez-vous leur montrer que cela n'a pas de sens ?

⊞ *[Voici une image que vous pouvez utiliser. Ta maison est en feu. Tu sais que tu peux sortir par la porte pour être à l'abri. Tu crois à cette porte. Mais tu aimes ta maison beaucoup trop. Tu choisis de ne pas passer par cette porte. Que va-t-il se passer ?]*

◉ Notes

- **Marc 16:1.** C'est de cette manière que ces femmes peuvent montrer leur amour pour Jésus. Vendredi soir, elles n'ont pas eu assez de temps pour s'occuper du corps de Jésus comme elles auraient voulu.

- **Marc 16:5.** Il s'agit d'un ange. 📖 *Matthieu 28:2-5.*

- **Marc 16:7.** « Comme il vous l'a dit ». 📖 *Voir Marc 14:28.*

- **Marc 16:7.** Pierre avait dit qu'il ne connaissait pas Jésus. Mais Jésus est prêt à le pardonner. Ces femmes doivent donc le dire à Pierre. Jésus veut que Pierre aille en Galilée avec les autres. (C'est en Galilée, à côté du lac, que Jésus avait appelé Pierre à le suivre.)

TOUT COMME JÉSUS A DIT !

📖 *Marc 16:6-7*

⊕ Il y a des choses qui sont difficiles à croire. *[Racontez une histoire à ce sujet. Peut-être nous est-il arrivé de penser que quelque chose était impossible. Nous ne pouvions pas le croire. Malgré tout, de nombreuses choses nous montraient que cela s'est réellement passé. Pour finir, nous l'avons cru à cause des **faits**.*

Tout le monde sait que les morts ne reviennent pas à la vie ! Ces femmes ne pensent même pas que Jésus puisse ressusciter. Elles viennent pour s'occuper du cadavre.

Les faits sont très clairs :

• Quelqu'un a roulé la pierre.

• Le tombeau est vide.

• Un ange leur annonce que Jésus est ressuscité.

• Jésus leur avait dit que cela se passerait de cette manière.

> ⊠ *Jésus **est** ressuscité d'entre les morts. Dieu veut que nous ayons la certitude que ces choses sont vraies. En ressuscitant d'entre les morts, Jésus prouve qu'il est la vérité. Il **est** ressuscité ! Cela signifie que :*
>
> • *Jésus est le seul chemin qui mène à Dieu.*
>
> • *Tout le monde devrait mettre sa confiance en Jésus.*
>
> *Réfléchis bien – qu'arrivera-t-il à ceux qui ne croient pas ces faits ?*

LES FEMMES ONT ENCORE PEUR

📖 *Marc 16:8*

Ces femmes ont vu le tombeau vide. Un ange leur a dit que Jésus est ressuscité. Malgré cela, elles ont encore peur ! Elles ne savent toujours pas s'il faut le croire !

> ⊠ *Ressembles-tu à ces femmes ? As-tu envie de croire mais malgré tout tu as peur ? Jésus est très tendre à notre égard. Il t'aidera à croire ce que tu ne crois pas encore.*

Les disciples ne croient pas encore. Ces femmes ne croient pas complètement. Néanmoins, Jésus leur adresse un message. 📖 *Marc 16:7.* Il veut leur montrer qu'il est ressuscité. Il est vraiment ressuscité ! Et il désire voir **Pierre**. Pierre a honte. Il a dit qu'il ne connaissait pas Jésus. Peut-être Pierre pense-t-il que Jésus ne le pardonnera jamais. Mais il se trompe !

> ⊠ *Peut-être as-tu tardé à mettre ta foi en Jésus ? Peut-être t'est-il arrivé de dire de mauvaises choses sur Jésus ? Comme Pierre ? **Il n'est toujours pas trop tard de croire !** Jésus ressuscité te pardonnera ton péché. Viens à lui sans tarder.*

69 CROIRE ET DIRE !

▣ Contexte

Il est probable que Marc n'ait pas écrit Marc 16:9-20. Nous avons beaucoup de bonnes raisons de penser cela. En même temps, Marc 16:8 est une drôle de manière de terminer un livre ! Il est possible que Marc n'ait pas pu terminer lui-même. Il est probable que quelqu'un d'autre ait ajouté Marc 16:9-20 plusieurs années plus tard. (Beaucoup de personnes qui aiment la Parole de Dieu partagent ce point de vue).

En même temps ces versets sont dans la Bible. Ils ont des leçons à nous apprendre. La plupart des choses dans Marc 16:9-20 sont mentionnées aussi dans les autres Évangiles. Mais nous devons faire attention aux parties du texte qui sont mentionnées **seulement** ici (voir ▣ **Notes** sur Marc 16:17-18).

Cette conclusion montre que les disciples étaient lents à comprendre. Malgré cela, Dieu leur confie une mission ! Ils doivent aller annoncer la bonne nouvelle au monde.

▣ Leçon principale

Les disciples croient enfin ! Maintenant ils doivent dire la bonne nouvelle au monde.

✦ Un travail à faire

Marc écrit son évangile (sa « bonne nouvelle ») pour nous encourager à **croire**. 📖 **Marc 1:1, 15.** En terminant votre série de prédications dans Marc, priez que chacun voie l'importance de ce but pour **sa** vie (Marc 16:16).

▣ Notes

- **Marc 16:14.** Les disciples auraient dû croire ceux qui avaient vu Jésus ressuscité. C'est la raison pour laquelle il leur fait des reproches.

- **Marc 16:16.** Le baptême n'a jamais sauvé personne. Le baptême n'est même pas une aide pour être sauvé. Cependant, la personne qui croit en Jésus **montrera** aux autres qu'elle croit. La Bible nous dit que nous devons nous faire baptiser pour montrer notre foi en Jésus.

- **Marc 16:17-18.** Jésus promet de donner beaucoup de dons à son peuple. Cependant, le reste de la Bible ne nous encourage pas à saisir des serpents ou à boire du poison. En même temps la Bible nous enseigne que nous ne devons pas faire des choses dangereuses pour mettre Dieu à l'épreuve (Matthieu 4:5-7).

- **Marc 16:17, 20.** « Signes » (« miracles »). Remarquez qu'il ne s'agit pas de simples miracles. Il s'agit de miracles pour **montrer que le message vient de Dieu**. C'est pour cela qu'on parle de « signe ». Un signe nous apprend une leçon. (Pourquoi avait-on besoin de ces signes à cette époque ? En avons-nous besoin aujourd'hui ? Aujourd'hui encore, dans quels types de situations Dieu ferait-il des miracles pour montrer que sa Parole est vraie ?)

CROIRE LA BONNE NOUVELLE !

📖 *Marc 16:9-14*

⊕ *[Racontez une histoire comme celle-ci.] Tu as reçu une bonne nouvelle. Tu dis la nouvelle à d'autres mais ils ne veulent pas te croire ! Comment réagis-tu ?*

• Dans ces versets, combien de fois nous est-il dit que les gens ne croient pas ?

Après la mort de Jésus, les disciples sont très tristes ! C'est pourquoi ils ne peuvent pas croire qu'il est vivant !

• Mais qu'en pense Jésus (Marc 16:14) ?

C'est toujours triste quand nous refusons de croire. Jésus a tant souffert pour ses disciples. Il est mort pour leurs péchés sur la croix. Il a vaincu la mort en ressuscitant d'entre les morts. Il a fait tout cela pour eux mais maintenant ils ne veulent pas croire !

📖 *Ressembles-tu à ces disciples ? Combien de fois as-tu entendu la bonne nouvelle de Jésus ? Tu connais les faits. Tu sais que la Bible dit la vérité. Mais, malgré cela, tu refuses de croire en lui. À ton avis, que peut penser Jésus d'une telle attitude ?*
📖 *Marc 16:16.*

DIRE LA BONNE NOUVELLE !

📖 *Marc 16:15*

⊕ *[Quand tu reçois une bonne nouvelle, la gardes-tu pour toi-même ? Non ! Tu en parles à tout le monde !*
Essaie d'imaginer l'impact que ta bonne nouvelle pourrait avoir sur d'autres. Par exemple, tu as trouvé un médicament pour soigner le Sida. Garderais-tu cette bonne nouvelle pour toi ? Tu agirais très mal si tu agissais ainsi.

Jésus dit à ses disciples d'aller parler de lui au monde entier ! Les disciples étaient l'église de cette époque. Aujourd'hui l'église c'est nous. L'ordre de Jésus à ses disciples s'adresse donc aussi à nous. Aujourd'hui encore, le monde a besoin d'entendre la bonne nouvelle de Jésus. Dans ton pays, qui ne connaît pas encore la vérité sur Jésus ? Et quels autres pays ont besoin d'entendre parler de lui ? Et ton église, que fait-elle pour faire connaître la bonne nouvelle au monde ?

📖 *Nous pouvons avoir beaucoup d'excuses. Peut-être avons-nous peur. Peut-être sommes-nous trop occupés ou trop paresseux. Nous trouvons difficile de parler de Jésus parce que les gens disent ne pas vouloir le connaître. Mais pour les disciples non plus ce n'était pas du tout facile ! Ils étaient haïs par plusieurs et certains d'entre eux y ont laissé leur vie !*

📖 *Si tu aimes vraiment la bonne nouvelle, tu voudras la dire à d'autres. Si tu aimes Jésus, tu voudras lui obéir. Prie et réfléchis à la meilleure manière de faire ces choses.*

📖 *Marc 16:20.* Du ciel, Jésus « travaillait avec eux ». L'œuvre de sa vie est derrière lui. Il est venu mourir et ressusciter d'entre les morts. Maintenant le peuple de Dieu doit faire le travail que Dieu leur confie. **Et Jésus travaille avec nous !** Nous ne sommes pas seuls. Nous, nous annonçons la bonne nouvelle à d'autres et Jésus leur accorde la vie éternelle. Gloire à Dieu !

E. Comment utiliser *Prêcher Marc*

Un exemple pratique

Avant de prêcher, il est nécessaire d'étudier attentivement le texte et de prier. Demandez à Dieu de vous aider à bien comprendre le passage.

La première chose à faire est de **lire Marc 2:13-17**. Rappelez-vous de l'histoire jusqu'ici. Essayez de voir la relation entre Marc 2:13-17 et le reste de l'histoire. La partie ⊙ **Contexte** vous permettra de réfléchir à cela.

⊙ **Notes**

Elles permettent d'éclaircir les choses difficiles dans le texte. Vous allez peut-être devoir expliquer certaines de ces choses à vos auditeurs.

⊙ **Leçon principale**

Lisez le texte autant de fois que nécessaire jusqu'à ce que vous arriviez à comprendre. Essayez de trouver l'idée principale du passage. Cette idée principale sera aussi le thème principal de votre prédication. Essayez de comprendre l'importance de cette leçon pour vos auditeurs. Priez que Dieu vous aide à la comprendre vous-même très clairement.

- *Comprenez-vous pourquoi les Juifs du temps de Jésus étaient si étonnés du choix de Lévi comme disciple de Jésus ?*

- *Quelle relation voyez-vous entre ce choix de Lévi et l'explication de Jésus dans Marc 2:17 ?*

Cela nous permet d'identifier la leçon principale du passage : **Jésus n'est pas venu pour ceux qui pensent être bons. Il est venu pour les pécheurs.**

[boxed insert]

⊙ ÉTUDIER : Marc 2:13-17

7 LE GENRE DE PERSONNE QUE JÉSUS APPELLE

⊙ **Contexte**

Dans Marc 2:1-12 Jésus montre qu'il a le pouvoir de pardonner les péchés. Maintenant il va montrer qu'il n'est pas venu pour ceux qui pensent être bons. Il est venu pour les pécheurs. Jésus est venu pour ceux qui ont besoin de lui pour le pardon de leurs péchés.

Marc 2:17 est le deuxième verset qui affirme **la raison pour laquelle il est venu**. (Voir Marc 1:38.)

⊙ **Leçon principale**

Jésus n'est pas venu pour ceux qui pensent être bons. Il est venu pour les pécheurs.

⊙ **Un travail à faire**

Les gens continuent à penser que Jésus choisit ceux qui sont bons ! Beaucoup pensent être bons ! Ils pensent plaire à Jésus parce qu'ils sont bons. Cette partie de l'évangile nous apprend que cette façon de penser est **mauvaise**. Vous devez réfléchir à la meilleure manière de dire cela et demander à Dieu de vous aider à le dire.

Votre but est de faire comprendre à des personnes qui savent qu'elles sont mauvaises, que Jésus est venu pour elles ! Vous devez les amener à demander à Jésus de les sauver de leur péché.

Certaines personnes pensent qu'elles sont bonnes. Vous devez leur montrer qu'elles sont mauvaises ! Vous voulez les amener à demander à Jésus de les rendre bonnes.

⊙ **Notes**

- **Marc 2:14.** « Lévi » est un autre nom pour **Matthieu**.

- **Marc 2:14.** « Les péagers » (ou « les collecteurs d'impôts »). Il s'agit de Juifs qui récoltaient les taxes pour les Romains. La majorité des gens les détestaient, car ils travaillaient pour leurs ennemis. La plupart des gens pensaient qu'un vrai Juif ne pouvait pas collaborer avec les Romains. Aussi la grande majorité des collecteurs d'impôts étaient des tricheurs. Ils gardaient une grande partie de l'argent pour eux-mêmes et devenaient riches.

- **Marc 2:15.** « Les pécheurs ». Nous savons que les hommes sont des pécheurs. Mais les Juifs, eux, utilisaient ce terme pour parler d'une certaine catégorie de personnes. Pour eux, les « pécheurs » étaient des personnes qui vivaient une mauvaise vie - des prostituées faisaient partie des « pécheurs ». Les collecteurs d'impôts et les « pécheurs » étaient souvent de bons amis. Les Juifs les détestaient tous.

- **Marc 2:16.** « Les Pharisiens ». Il s'agit de personnes qui faisaient d'énormes efforts pour vivre selon la loi de Dieu. Ils étaient extrêmement pointilleux (strictes) et pensaient qu'ils étaient bons.

30

⊡ **Un travail à faire**

Aujourd'hui encore, certaines personnes persistent à penser que Jésus choisit ceux qui sont bons ! Et la plupart des gens pensent être bons ! Ils pensent plaire à Jésus parce qu'ils sont bons. Ce passage nous apprend que nous avons **tort** de penser cela. Vous allez devoir prier et réfléchir à la meilleure manière de dire cela. Votre but est de faire voir à ceux qui sont mauvais que Jésus soit venu pour eux ! Vous voulez qu'ils demandent ensuite à Dieu de les sauver de leur péché.

VOTRE PRÉDICATION

Maintenant vous êtes prêts à préparer votre prédication dans votre langue. Les idées que nous vous proposons vous aideront à faire ce travail. Mais vous devez faire attention d'en faire une prédication qui vient de vous et qui vient du cœur. Demandez à Dieu de vous aider. Prenez des notes en écrivant dans votre langue.

Commencer la prédication

Réfléchissez à la meilleure manière de commencer votre prédication qui permette à vos auditeurs de bien comprendre son intention. Aidez-les à en voir l'importance (la pertinence) pour leurs vies. Voici un exemple du genre de chose que vous pouvez faire :

Aimes-tu* les surprises ? [Donnez des exemples.] Jésus nous surprend souvent ! Dans le texte d'aujourd'hui Jésus n'agit pas du tout comme on aurait pu s'y attendre. En fait il fait exactement le contraire de ce qu'on pouvait penser. Certains apprécient beaucoup. Mais d'autres détestent ce qu'il fait. Quelle bonne surprise Jésus nous réserve-t-il aujourd'hui ?

Ou vous pouvez peut-être chercher à faire comprendre à vos auditeurs à quel point ce que fait Jésus dans ce texte est choquant pour la foule :

Imagine que tu es dans la foule. Tu te trouves avec beaucoup de personnes qui sont venues pour écouter Jésus. Ensemble, vous écoutez l'enseignement de Jésus au bord du lac. Mais Jésus n'appellera aucun d'entre vous à le suivre comme son disciple. Puis Jésus voit un homme en train de travailler. Cet homme a trop à faire pour pouvoir venir écouter Jésus. Que fait-il ? Il cherche à se faire beaucoup d'argent ! Mais Jésus s'arrête et lui dit : « Suis-

moi ! » Quelle surprise ! Quel choc profond ! Pourquoi Jésus veut-il quelqu'un comme Lévi dans son équipe ?

Vous pouvez continuer à parler de Lévi et expliquer pourquoi les gens le détestent. On peut imaginer à quel point les gens devaient être déçus en voyant Jésus choisir un homme aussi mauvais !

Ce texte contient trois leçons importantes. Chacune de ces leçons permet d'expliquer la leçon principale. Elles nous aident à comprendre que Jésus n'est pas venu pour ceux qui se croient bons, mais pour des pécheurs.

1. JÉSUS APPELLE DES PÉCHEURS.

📖 *Marc 2:17*

- *Es-tu le genre de personne que Jésus appelle ?*

- *Es-tu un pécheur ?*

Parlez de Lévi. Quel genre de personne était-il ? Parlez aussi de ses amis. Montrez que Jésus est heureux de manger avec ces personnes. Essayez d'imaginer que cela arrive dans votre ville ou dans votre village. Remarquez aussi Marc 2:17. Il n'est pas dit que Jésus considère ces personnes comme des êtres inférieurs. Il est dit qu'il est **venu** tout particulièrement pour des personnes comme celles-là.

Ceci est une bonne nouvelle pour ceux qui pensent être mauvais ! *Personne d'autre ne s'intéresse à Lévi ! Tout le monde a de la haine pour ces « pécheurs » et pour ces collecteurs d'impôts. Mais Jésus est venu sauver la pire espèce ! Il les aime !* Parlez plus longuement de ces choses.

Ceci est une mauvaise nouvelle pour ceux qui pensent être bons ! *Remarquons aussi les personnes que Jésus n'est pas venu appeler (Marc 2:17). Les « justes »*

---

* Note du traducteur : Nous avons choisi de dire « tu » plutôt que « vous » pour montrer que la prédication doit être directe et personnelle. Mais vous pouvez aussi dire « vous ».

sont ceux qui se croient bons. Les Pharisiens pensent être déjà assez bons. Et ils n'acceptent pas de voir Jésus manger avec ceux qu'ils estiment mauvais. 📖 **Marc 2:16**

Parlez encore de ces choses. Aujourd'hui encore, ceux qui s'estiment bons ont du mépris pour ceux qu'ils estiment mauvais. Et ils n'apprécient pas d'entendre Jésus leur dire qu'il est venu pour des pécheurs.

C'est une nouvelle importante pour ceux qui sont sauvés ! *Si nous savons que Jésus a pardonné nos péchés nous allons vouloir en parler à d'autres. Mais à quel genre de personne devrons-nous nous adresser ? Le dirons-nous à des gens gentils seulement ou à des gens qui vont à l'église ? Ou le dirons-nous à ceux qui sont mauvais ?*

2. POURQUOI JÉSUS APPELLE-T-IL DES PÉCHEURS ?

📖 **Marc 2:17**

Les Pharisiens trouvent cela difficile à comprendre. Comment un enseignant comme Jésus peut-il choisir d'aller vers les mauvais ? Il est possible que nous aussi, nous trouvions cela difficile à comprendre. Pourquoi Jésus ne préfère-t-il pas les bons, ceux qui vont à l'église et qui font du bien à leur prochain ?

Jésus explique pourquoi il est venu pour les pécheurs. C'est parce qu'ils ont **besoin de lui !** Servez-vous de l'image qu'utilise Jésus, celle du médecin, pour aider vos auditeurs à comprendre. Montrez-leur que seules les personnes malades ont besoin de médecin. Parlez-leur de Jésus qui guérit le péché. Dites-leur comment Jésus est mort sur la croix afin de répondre au problème du péché des hommes. Ils vont devoir demander à Jésus de pardonner leurs péchés et de changer leur vie afin qu'ils deviennent bons.

Montrez-leur aussi pourquoi ceux qui s'estiment « bons » ne pensent pas avoir besoin du « Docteur Jésus ». Parce qu'ils pensent qu'ils sont bons, ils ne souhaitent pas que

---

⊕ PRÊCHER : Marc 2:13-17

JÉSUS APPELLE DES PÉCHEURS
📖 Marc 2:17

Penses-tu être le genre de personne que Jésus appelle à lui ? Es-tu un pécheur ? [Évoquez la surprise que suscitent les paroles de Jésus. Jésus est venu pour les pécheurs !!]

• **Ceci est une bonne nouvelle pour ceux qui pensent être mauvais !** Tout le monde a de la haine pour ces « pécheurs » et pour ces collecteurs d'impôts. Mais Jésus est venu sauver la pire espèce ! Il les aime !

• **Ceci est une mauvaise nouvelle pour ceux qui pensent être bons !** Remarquons aussi les personnes que Jésus n'est **pas** venu appeler (Marc 2:17). Les « justes » sont ceux qui se croient bons. Les Pharisiens pensent être déjà assez bons. Et ils n'acceptent pas de voir Jésus manger avec ceux qu'ils estiment mauvais (Marc 2:16).

• **Ceci est une importante nouvelle pour ceux qui sont sauvés !** Si nous savons que Jésus a pardonné nos péchés nous allons vouloir en parler à d'autres. Le dirons-nous à des gens gentils seulement ou à des gens qui vont à l'église ? Ou le dirons-nous à ceux qui sont mauvais ?

POURQUOI JÉSUS APPELLE-T-IL DES PÉCHEURS ?
📖 Marc 2:17

Jésus explique pourquoi il est venu pour les pécheurs. C'est parce qu'ils ont besoin de lui ! [Servez-vous de l'image d'un médecin (celle qu'utilise Jésus dans ce texte) afin d'aider vos auditeurs à comprendre.] Seuls les malades vont consulter un médecin. Jésus peut nous guérir de tous nos péchés. C'est pour cela qu'il est mort sur la croix. Nous devons demander à Jésus de nous pardonner nos péchés et de nous guérir.

[Montrez aussi pourquoi les gens qui s'estiment « bons » disent ne pas avoir besoin du « Docteur Jésus ». Ils pensent qu'ils sont bons déjà, sans avoir recours au médecin ! Ils n'ont pas besoin de Jésus pour leur pardonner leurs péchés.]

Ⓐ Racontez l'histoire d'une femme en bonne santé qui se rend chez le médecin. Elle lui annonce à quel point elle est en forme ! Elle ne permet pas au médecin de l'examiner. Elle souhaite seulement qu'il lui dise quelque chose de complaisant ! Il est clair qu'un médecin ne perdra pas son temps avec des personnes en bonne santé ! Jésus n'est pas venu pour les « bons », car ils n'ont pas besoin d'un médecin.

À QUOI JÉSUS APPELLE-T-IL LES PÉCHEURS ?
📖 Marc 2:14

Lévi aime l'argent. Jésus l'appelle à tourner le dos à l'argent. Il se met à suivre Jésus. [Faites bien comprendre à vos auditeurs que ceci implique un changement de vie total.]

Jésus nous appelle à quitter notre ancienne vie. Il nous appelle à renoncer à nos péchés. Il nous appelle à faire demi-tour et à suivre Jésus.

Ⓑ Racontez cette histoire d'une personne qui refuse de prendre les médicaments que lui prescrit son médecin. Guérira-t-elle ?

Ⓒ Acceptes-tu le remède que te prescrit le médecin Jésus ? Lui demanderas-tu de te pardonner tes péchés ? Accepteras-tu de quitter ta vie ancienne ?

31

Jésus pardonne leurs péchés. Racontez-leur une histoire. Une femme en bonne santé va chez le médecin. Elle lui parle de sa santé : elle va très bien ! Elle ne laisse pas le médecin l'examiner. Elle dit qu'elle n'en a pas besoin ! Elle vient chez le médecin pour recevoir des compliments ! Mais un médecin ne perd pas son temps avec des gens en bonne santé. Jésus n'est pas venu pour les « bons », parce qu'ils ne pensent pas avoir besoin de médecin.

Si vous voulez, vous pouvez continuer l'histoire. Deux mois plus tard, cette femme meurt. Contrairement à ce qu'elle pensait, elle n'était pas en parfaite bonne santé. Elle était malade mais elle ne le voyait pas. Maintenant elle veut se faire examiner par un médecin. Mais c'est trop tard. Malgré ce qu'ils disent, les « bons » ont besoin de Jésus. Ils sont des pécheurs, tout comme les autres. Dites à vos auditeurs de se faire examiner par le Docteur Jésus ! Ils doivent demander à Jésus de leur montrer leur péché.

3. À QUOI JÉSUS APPELLE-T-IL LES PÉCHEURS ?

📖 **Marc 2:14**

Essaie d'imaginer que tu es Lévi. Ton seul intérêt dans la vie c'est l'argent. L'argent t'a fait perdre tes amis. Tu as passé la plus grande partie de ta vie à tromper les gens pour l'argent. Maintenant Jésus te dit : « Suis-moi ! » Jésus demande beaucoup ! Alors que fait Lévi ? Il quitte son ancienne vie et se met à suivre Jésus. Sa vie change de direction. Lévi allait dans une direction, puis il fait demi-tour et part dans la direction opposée !

Jésus nous appelle à quitter notre ancienne vie. Il nous appelle à nous détourner de nos péchés. Il nous appelle à faire demi-tour et à le suivre.

Il est très important que vos auditeurs comprennent cela. Jésus n'est pas venu seulement pour passer du temps avec des pécheurs. Il est venu pour nous sauver de nos péchés. Il est venu transformer nos vies. Utilisez une image comme celle-ci :

Imagine que tu te rends chez le médecin. Il te trouve quelque chose qui ne va pas. Il te donne des médicaments pour soigner le mal. Mais tu mets les médicaments de côté. Tu ne veux pas les prendre. Iras-tu mieux ? Bien sûr que non !

Jésus nous donne ses médicaments. C'est gratuit ! Il nous dit : « Je te pardonnerai tes péchés. » Il dit : « Laisse tes péchés et suis-moi. » Prendras-tu ce médicament ?

Conclure votre prédication

- *Que voulez-vous que vos auditeurs retiennent de cette prédication ?*

- *Que voulez-vous qu'ils fassent ?*

- *Rappelez-leur votre idée principale.*

- *Peut-être auront-ils besoin d'un moment de calme pour prier.*

www.ingramcontent.com/pod-product-compliance
Lightning Source LLC
LaVergne TN
LVHW051124080426
835510LV00018B/2211